ESCREVER
MARGUERITE DURAS

Tradução
Luciene Guimarães de Oliveira

ESCREVER

MARGUERITE DURAS

SUMÁRIO.

07 PREFÁCIO
A escrita-solidão entre a vida e a morte
por Julie Beaulieu

●

22 ESCREVER

66 A MORTE DO JOVEM AVIADOR INGLÊS

96 ROMA

120 O NÚMERO PURO

126 A EXPOSIÇÃO DA PINTURA

●

136 SOBRE A AUTORA

138 SOBRE A COLEÇÃO MARGUERITE DURAS

PREFÁCIO.

A ESCRITA-SOLIDÃO ENTRE A VIDA E A MORTE ●

Julie Beaulieu[1]

L'écrit ça arrive comme le vent, c'est nu, c'est de l'encre, c'est l'écrit, et ça passe comme rien d'autre ne passe dans la vie, rien de plus, sauf elle, la vie.[2]

---

[1] Membro da Société Internationale Marguerite Duras e Professora de Estudos Cinematográficos da Université Laval (Québec-Canada).

[2] "A escrita chega como o vento, é nua, é de tinta, é a escrita, e passa como nada mais passa na vida, nada mais, exceto ela, a vida" (p. 64 da presente edição, doravante utilizada como referência para as citações seguintes).

A escrita sempre me fascinou, ainda me fascina. Interpela-me. Sobretudo a escrita de Marguerite Duras, que, muito antes de eu conseguir segurar adequadamente um lápis entre os dedos para rabiscar algumas palavras em uma folha virgem de minhas ideias, me permitiu ver o mundo através de seus olhos. Este livro, *Escrever*, chegou até mim como uma rajada de vento, sem bater na porta, como eu entrei sem convite algum pela vida e pela obra da autora através de sua escrita, agarrada por ela, hipnotizada. Desde então, ela nunca mais me deixou.

Este livro, *Escrever*, está entre os primeiros de uma longa série de leituras que me fez viajar na obra de Marguerite Duras, uma das escritoras notáveis do século XX na França. Trata-se de uma pequena brochura, cujo conteúdo é surpreendentemente denso, composta por cinco textos, o primeiro dos quais, "Escrever", o mais substancial, se estende por cerca de quarenta páginas e dá não só o título à obra, mas também a sua direção. Esse texto, fundamental, pode ser lido sozinho, como pretendo fazê-lo aqui brevemente. É também pertinente relacioná-lo com os quatro textos seguintes, sem dúvida menos volumosos, mas não menos interessantes. Duras fala, aliás, da solidão e da dor que residem no processo da escrita em "A morte do jovem aviador inglês", texto que se segue a "Escrever" na abertura do livro.

Se me detenho mais particularmente no primeiro texto "Escrever", é porque ele lança as bases de uma reflexão sobre a escrita cujos principais conceitos e temas encontram eco em vários textos durassianos, em particular aqueles que colocam em cena um personagem escritor ou a escrita – penso, entre outras coisas, no desejo de escrever da adolescente em *O amante* ou da narradora que não consegue parar de escrever em *Emily L.*[3]

O texto "Escrever" é um ensaio que beira a autobiografia, pois se trata da reflexão da própria escritora Duras sobre a escrita. É um ensaio que será retomado muitas vezes no corpus dos estudos da literatura francesa e em cursos e oficinas de criação literária. Sem dúvida, trata-se de um texto magnífico, pois é poético, intenso e essencial para quem se interessa por Marguerite Duras, sua obra e seu trabalho de escrita.

3_ *L'Amant*, publicado em 1984, e *Emily L.*, em 1987, ambos pelas Éditions de Minuit.

"Escrever" se organiza em torno de vários fragmentos de textos que assumem a forma de parágrafos mais ou menos longos, por vezes constituídos por apenas algumas linhas ou frases curtas, um único segmento ou mesmo uma única palavra. A brevidade da linguagem, que nem por isso exclui a descrição ou a narração, embora seja descontínua, se faz sentir mais intensamente na passagem da morte de uma mosca comum, episódio agora bem conhecido que Duras contou pela primeira vez a Michelle Porte, com quem colaborou particularmente em dois livros: *Le camion, seguido de entrevistas com Michelle Porte* e *Les lieux de Marguerite Duras* [inéditos no Brasil], ambos publicados pelas Éditions de Minuit em 1977. "Escrever" se orquestra sobre uma memória esfacelada, fragmentada pelo tempo e pelos livros que surgiram ao longo dos anos, às vezes reescritos ou transpostos em outros lugares ou mídias, incluindo o palco e a tela.

É em sua casa em Neauphle-le-Château que Duras decide debater a escrita com seu amigo, o cineasta Benoît Jacquot.[4] É por isso que o leitor se vê, portanto, diante de um texto "oral", o que explica sem dúvida esta impressão tanto de relaxamento, no sentido de abertura de si ao

---

4_ Benoît Jacquot, amigo de longa data de Marguerite Duras, realizou dois curtas-metragens, *Écrire* e *La mort du jeune aviateur anglais*, a partir de textos que figuram na presente obra.

outro, como de intimidade familiar que convoca toda entrevista ou diálogo com uma pessoa conhecida. Como se Duras expressasse seus pensamentos sem prestar muita atenção, como um sopro do vento, com suas hesitações, suas pausas e também suas ânsias repentinas. Assim, fragmentos de ideias surgem ao lado de memórias mais ou menos precisas de textos e filmes que se encaixam – de forma talvez aleatória – para formar a colcha da escrita. Porque, basicamente, o texto faz essa pergunta fundamental que habita a escritora, não importando o lugar onde ela se encontra: o que é escrever? O que é a escrita?

O texto "Escrever" se consagra ao trabalho da escrita, esse labor da reescritura que se concebe como uma libertação quando a noite se instala, pois a escrita está separada do trabalho manual, sancionado por ordens e horários fixos. É também um "[...] luxo que temos, nós, de poder escrever à noite. Podemos escrever a qualquer hora", explica Duras (p. 62). O trabalho de escrita – já que é de fato trabalho, e não mera atividade ociosa – acaba sendo uma forma de liberdade salvadora. Escrever é essencial, pois escrever é a vida; mas escrever é também a solidão, a morte.

Essa vida de escrita, tal como Duras a descreve, é marcada pela solidão: a da escritora. Esta vida, Duras diz tê-la levado consigo para todo lado (entre outros lugares, a Paris, Nova York e Trouville), mas mais particularmente à sua casa de Neauphle-le-Château onde escreveu, ela afirma, sozinha: "Só agora sei que passei dez anos na casa. Sozinha. E para escrever livros que mostraram, a mim e aos outros, que eu era a escritora que sou" (p. 23). Foi na solidão, criada por ela e para ela, que ela se conheceu e conheceu a escrita. É nessa já lendária casa de Neauphle-le-Château que escreveu dois dos seus maiores romances: *O deslumbramento de Lol V. Stein* e *O vice-cônsul*, publicados pelas Éditions Gallimard em 1964 e 1965, respectivamente. Essa solidão é essencial para Duras; ela não pode senão se isolar para escrever, e é no quarto dessa casa, nesse lugar durassiano por excelência, que ela se restringe à prática cotidiana da escrita seguindo uma forma de ritual que lhe é singular: "Meu quarto não é uma cama, nem aqui, nem em Paris, nem em Trouville. É, sim, uma certa janela, uma certa mesa, o hábito de usar a tinta preta, marcas de tinta preta impossíveis de encontrar, é uma certa cadeira. E certos hábitos que reencontro sempre, aonde quer que vá, onde quer que esteja, mesmo nos lugares onde não escrevo, como quartos de hotel, por exemplo, o hábito de ter sempre uísque na mala para os casos de insônia ou desesperos repentinos" (p. 25).

Esta casa é, então, a da escrita, esse lugar definido pela prática da escrita e através dela, da mesma forma que a solidão se faz e se trabalha pela escritora. Por fim, é também nessa solidão que a escrita se revela salvadora para a autora: "Encontrar-se em um buraco, no fundo de um buraco, numa solidão quase total, e descobrir que só a escrita vai te salvar" (p. 30).

O que emerge dessa solidão cultivada pela escritora é também a dúvida, essa verdade da escrita para Duras. Explicando-se com o fato de que ninguém pode aspirar a se tornar escritor, Duras insiste nessa diferença, até mesmo nesta verdade: "A dúvida é escrever. Portanto, é o escritor também. E com o escritor o mundo inteiro escreve. Sempre se soube disso" (p. 32). Se a escrita é a solidão e dela emerge a incerteza, a escrita vai ainda mais longe, segundo Duras, a tal ponto que se torna difícil, até perigosa: "Vai muito longe, a escrita... Até que acabe. Às vezes é insustentável. De repente, tudo ganha um sentido em relação ao que se escreve, é de enlouquecer" (p. 35). Escrever é difícil, ou pelo menos a escrita coloca a autora em uma situação da qual não pode escapar, como um mal necessário sem o qual não poderia escrever: "Era um estado de dor sem sofrimento", explica. Porque, de fato, escrever era essencial para Duras – a escrita é vida – mas essa insuportável loucura de escrever levava-a ao mais próximo possível do inevitável: "Era desespero. Estava envolvida com o mais árduo trabalho da minha vida: escrever a vida de meu amante de Lahore. Escrever *O vice-cônsul*. Tive que me dedicar três anos a esse livro" (p. 36). É a solidão do mundo inteiro que emerge da escrita, que tudo invade, que está em toda parte, e Duras sempre acreditou nessa invasão sem a qual a escrita não existiria, não seria possível.

"É o mais difícil de tudo" (p. 39), escrever, afirma Duras, pois é se segurar ao lado do desespero, caminhar com ele, sozinha, na casa e na noite, no livro aberto para o desconhecido, nessa perdição de si que não é mais voluntária, mas necessária, a do livro, a da escrita. É a vida, mas é também a morte. "Estar sozinha com o livro ainda não escrito é estar ainda no primeiro sono da humanidade. É isso. É também estar sozinha com a escrita ainda não explorada. É tentar não morrer" (p. 41), viver, portanto, pela escrita e através dela. Sempre escrever, sempre. Sem cessar, e correndo o risco de se perder aí.

Desse texto surge a ideia de uma escrita-solidão que se incorpora à autora, ainda que ela não tenha, contudo, nada de singular. "Eu me pareço com todo mundo. Não acredito que alguém jamais tenha voltado a cabeça ao me ver passar, na rua. Sou a banalidade. O triunfo da banalidade. Como aquela velha senhora do livro *Le camion*", afirma Duras (p. 48). É nessa solidão tão sua, fabricada por ela, que Duras, então em fim de carreira, fala da vida mas também da morte, no que ela tem de inevitável. A escrita, para Duras, aparece como uma busca existencial que impele a autora a sondar a banalidade do cotidiano no coração da sua necessidade fundamental. Sem dúvida que a narrativa da morte de uma mosca comum cumpre perfeitamente esse propósito da escrita que entrevê Duras, e que essa mosca, banal porque comum, sem importância, é a prova mais cabal. Duras se indigna diante da morte da mosca, mas ainda mais diante da Morte, de qualquer natureza que seja: "Mas quando uma mosca morre, não dizemos nada, não nos damos conta de nada. [...] Não é grave, mas é um fato em si mesmo, total, de um sentido enorme: de um sentido inacessível e de uma extensão sem limites" (p. 51). Duras escreve com todas as letras: "Aproximei-me para vê-la morrer" (p. 49). Ela se atém a observar minuciosamente, a contemplar a morte progressiva dessa mosca comum em todo seu horror ("Ela se debatia contra a morte") para enfim relatar seu trágico depoimento. É então, através da morte dessa pequena mosca, que Duras pensa na sua própria, mas sem dúvida mais ainda naquela da humanidade, e então na dos judeus, executados pelos alemães quando da Segunda Guerra Mundial, que ela mencionará em vários livros – entre os quais os textos e filmes de *Aurélia Steiner*.

A morte, a vida, a escrita, como um ciclo.
Um ciclo de escrita.
Durassiana.

18 de maio de 2021

Intitulei a história ocorrida em Vauville *A morte do jovem aviador inglês*. Contei-a primeiro a Benoît Jacquot, que tinha vindo me ver em Trouville. Foi ele quem teve a ideia de me filmar narrando a morte do jovem aviador de vinte anos. Benoît Jacquot realizou então um filme. A fotografia é de Caroline Champetier de Ribes, e o som, de Michel Vionnet. O lugar, meu apartamento em Paris.

Depois de pronto esse filme, fomos para minha casa em Neauphle-le-Château. Falei da escrita. Queria tentar falar disto: escrever. E um segundo filme foi assim realizado, com a mesma equipe e a mesma produção – Sylvie Blum e Claude Guisard, do I.N.A. (Institut National de l'Audiovisuel).

O texto aqui chamado *Roma* foi, inicialmente, um filme intitulado *O diálogo de Roma*, financiado pela R.A.I. (Radiotelevisione Italiana) a pedido de minha amiga Giovanella Zanoni.

-

M.D.
Paris, junho de 1993

*Dedico este livro à memória de W. J. Cliffe,
morto aos vinte anos de idade em Vauville,
em maio de 1944, em hora desconhecida.*

ESCREVER •

É numa casa que a gente se sente só. E não do lado de fora, mas dentro dela. No parque, há pássaros, gatos. E também, uma vez, um esquilo, um furão. Não estamos sozinhos em um parque. Em casa, porém, ficamos tão sós que às vezes nos perdemos. Só agora sei que passei dez anos na casa. Sozinha. E para escrever livros que mostraram, a mim e aos outros, que eu era a escritora que sou. Como foi que isso se deu? E como expressá-lo? O que posso dizer é que o tipo de solidão de Neauphle foi feito por mim. Para mim. E que é somente nesta casa que fico só. Para escrever. Não para escrever como havia feito até então. Mas para escrever livros ainda desconhecidos para mim e jamais determinados nem por mim nem por ninguém. Ali, escrevi *O deslumbramento de Lol V. Stein* e *O vice-cônsul*. E outros depois desses. Compreendi que eu era uma pessoa sozinha com a minha escrita, sozinha e bem longe de tudo. Isso durou dez anos, talvez, nem sei mais, raramente contei o tempo que passei escrevendo, nem mesmo o tempo em si. Contei o tempo passado esperando por Robert Antelme e Marie-Louise, sua irmã mais nova. Depois, não contei mais nada.

Escrevi *O deslumbramento de Lol V. Stein* e *O vice-cônsul* lá em cima, no meu quarto, aquele de armários azuis, infelizmente agora destruídos por jovens pedreiros. Às vezes também escrevia aqui, nesta mesa na sala.

Conservei essa solidão dos primeiros livros. Levei-a comigo. Sempre levei minha escrita comigo aonde quer que fosse. A Paris. A Trouville. Ou a Nova York. Foi em Trouville que eu decidi na loucura o destino de Lola Valérie Stein. Foi também em Trouville que me veio o nome de Yann Andréa Steiner com uma clareza inesquecível. Faz um ano.

A solidão da escrita é uma solidão sem a qual a escrita não acontece, ou então se esfarela, exangue, de tanto buscar o que mais escrever. Perde o sangue, não é mais reconhecida pelo autor. E acima de tudo nunca se deve ditá-la a uma secretária, por mais habilidosa que seja, e nesse estágio nunca se deve submetê-la à leitura de um editor.

É preciso haver sempre uma separação entre a pessoa que escreve os livros e as que a rodeiam. É uma solidão. É a solidão do autor, a da escrita. Para começar, a gente se pergunta o que é esse silêncio ao nosso redor. E praticamente a cada passo que damos numa casa, e em todas as horas, com todas as luzes, venham elas do lado de fora ou de lâmpadas acesas durante o dia. Essa solidão real do corpo se torna a outra, inviolável, da escrita. Eu não falava sobre isso com ninguém. Nesse período da minha primeira solidão já tinha descoberto que escrever era o que eu devia fazer. Já havia sido corroborada por Raymond Queneau. O único veredito de Raymond Queneau, aquela frase: "Não faça mais nada além disso, escrever."

Escrever era a única coisa que preenchia minha vida e a encantava. Foi o que fiz. A escrita jamais me abandonou.

Meu quarto não é uma cama, nem aqui, nem em Paris, nem em Trouville. É, sim, uma certa janela, uma certa mesa, o hábito de usar a tinta preta, marcas de tinta preta impossíveis de encontrar, é uma certa cadeira. E certos hábitos que reencontro sempre, aonde quer que vá, onde quer que esteja, mesmo nos lugares onde não escrevo, como quartos de hotel, por exemplo, o hábito de ter sempre uísque na mala para os casos de insônia ou desesperos repentinos. Durante esse tempo, tive amantes. Raramente fiquei sem amantes. Eles se acostumavam à solidão de Neauphle. E seu encanto às vezes permitia que eles, por sua vez, escrevessem livros. Era raro que eu desse meus livros para esses amantes lerem. As mulheres não devem deixar os amantes lerem os livros que elas estão escrevendo. Quando terminava um capítulo, escondia deles. A coisa é tão verdadeira, no meu caso, que me pergunto como é possível fazer diferente quando se é mulher e se tem um marido ou um amante. Também é preciso, nesse caso, esconder dos amantes o amor do marido. O meu jamais foi substituído. Sei disso a cada dia da minha vida.

Esta casa é o lugar da solidão, e no entanto dá para uma rua, uma praça, um velho lago, a escola da cidade. Quando o lago fica congelado, as crianças vêm patinar e me impedem de trabalhar. Não reclamo dessas crianças. Tomo conta delas. Todas as mulheres que tiveram filhos tomam conta dessas crianças, desobedientes, doidas, como todas as crianças. Mas quanto medo, a cada vez o pior. E quanto amor.

A solidão não se encontra, se faz. A solidão se faz sozinha. Eu a fiz. Porque decidi que era ali que deveria estar sozinha, que ficaria sozinha para escrever livros. Foi assim que aconteceu. Eu estava sozinha nesta casa. Confinei-me – e tinha medo também, é claro. E depois comecei a adorar. Esta casa se tornou a casa da escrita. Meus livros vêm desta casa. Desta luz também, do parque. Desta luz que reverbera do lago. Precisei de vinte anos para escrever o que acabo de dizer.

A gente pode caminhar de uma extremidade à outra nesta casa. Sim. Também dá para ir e vir. E depois há o parque. Lá existem árvores milenares e outras ainda jovens. E há lariços, macieiras, uma nogueira, ameixeiras, uma cerejeira. O damasqueiro morreu. Diante do meu quarto fica aquela roseira magnífica de *L'homme atlantique*. Um salgueiro. Há também as cerejeiras japonesas, as íris. E debaixo de uma janela da sala de música há uma camélia, que Dionys Mascolo plantou para mim.

Primeiro, mobiliei a casa, e depois mandei pintá-la de novo. E então, talvez dois anos mais tarde, começou minha vida com ela. Aqui terminei *Lol V. Stein*, escrevi o fim aqui e em Trouville, diante do mar. Sozinha não, eu não estava sozinha, havia um homem comigo naquela época. Mas não nos falávamos. Como eu escrevia, era preciso evitar falar dos livros. Os homens não suportam isto: uma mulher que escreve. É cruel para o homem. É difícil para todos. Exceto para Robert A.

Em Trouville, no entanto, havia a praia, o mar, a imensidão dos céus, das areias. E era isso a solidão. Foi em Trouville que contemplei o mar até o nada. Trouville é uma solidão da minha vida inteira. Ainda tenho essa solidão, aqui, inexpugnável, ao meu redor. Às vezes fecho as portas, desligo o telefone, silencio a minha voz, não quero mais nada.

Posso dizer o que quiser, mas jamais vou saber por que escrevemos e como não escrevemos.

Às vezes, quando estou sozinha aqui, em Neauphle, reconheço objetos, como um radiador. Lembro que havia uma grande placa em cima do radiador e que muitas vezes eu ficava sentada nela para ver os carros passarem.

Quando estou sozinha aqui, não toco piano. Não toco mal, mas toco muito pouco, pois acho que não posso tocar quando estou sozinha, quando não há ninguém além de mim na casa. É muito difícil de suportar. Porque subitamente parece fazer sentido. Contudo, em certos casos pessoais só a escrita faz sentido. Porque eu a manejo, pratico-a. O piano, por sua vez, é um objeto distante, ainda inacessível, e para mim é sempre o mesmo. Acho que se tivesse tocado piano profissionalmente eu não teria escrito livros. Mas não tenho certeza. Também acredito que não seja verdade. Acho que teria escrito livros em qualquer caso, mesmo com a música em paralelo. Livros ilegíveis, mas ainda assim inteiros. Tão distantes de qualquer palavra quanto o desconhecido se encontra de um amor sem objeto. Como o de Cristo ou o de J. S. Bach – ambos de uma vertiginosa equivalência.

A solidão também quer dizer: ou a morte ou o livro. Mas, antes de tudo, quer dizer álcool. Quer dizer uísque. Até agora nunca pude, nunca mesmo, realmente, ou talvez tivesse que procurar muito longe... nunca pude começar um livro sem terminá-lo. Nunca fiz um livro que já não fosse uma razão de ser enquanto está sendo escrito, seja qual for o livro. E em toda parte. Em todas as estações do ano. Essa paixão, eu a descobri aqui em Yvelines, nesta casa. Eu tinha enfim uma casa onde me esconder para escrever livros. Queria viver nessa casa. Para quê? Começou assim, como uma brincadeira.

Talvez escrever, pensei comigo mesma, talvez eu pudesse. Já tinha começado livros que abandonara. Até esquecera os títulos. *O vice-cônsul* não. Esse eu nunca abandonei, penso nele com frequência. Em *Lol V. Stein* não penso mais. Ninguém pode conhecê-la, L. V. S., nem você nem eu. E mesmo o que Lacan disse a respeito do livro eu nunca compreendi totalmente. Fiquei surpresa com Lacan. E estas frases suas: "Ela não deve saber que escreve aquilo que escreve. Porque ia se perder. E isso seria uma catástrofe." Essas frases se tornaram para mim uma espécie de identidade de princípio, de um "direito de falar" totalmente ignorado pelas mulheres.

Encontrar-se em um buraco, no fundo de um buraco, numa solidão quase total, e descobrir que só a escrita vai te salvar. Não ter um tema para o livro, não ter ideia alguma para o livro é se encontrar ou se reencontrar diante de um livro. Uma imensidão vazia. Um livro eventual. Diante de nada. Diante de uma espécie de escrita viva e nua, terrível, terrível de superar. Acho que a pessoa que escreve não tem a ideia de um livro, tem as mãos vazias, a mente vazia, e dessa aventura do livro só conhece a escrita seca e nua, sem futuro, sem eco, distante, com suas regras de ouro, elementares: a ortografia, o sentido.

O vice-cônsul é um livro de gritos sem voz por toda parte. Não gosto dessa expressão, mas quando releio o livro reencontro isso, algo nesse sentido. É verdade, ele berrava todos os dias, o vice-cônsul... mas de um lugar secreto para mim. Ele berrava todos os dias do mesmo modo como as pessoas rezam todos os dias. É verdade, ele berrava alto e pelas noites de Lahore atirava nos jardins de Shalimar para matar. Em qualquer um, mas matar. Ele matava por matar. Contanto que qualquer um fosse a Índia inteira em estado de decomposição. Ele berrava em casa, na Residência Oficial, e quando estava sozinho na noite escura da deserta Calcutá. Ele está louco, louco de inteligência, o vice-cônsul. Mata Lahore todas as noites.

Nunca o encontrei em outro lugar, não o encontrei senão no ator que o interpretou, meu amigo, o genial Michael Lonsdale – mesmo em seus outros papéis, para mim ele ainda é o vice-cônsul da França em Lahore. É meu amigo, meu irmão.

É no vice-cônsul que acredito. O grito do vice-cônsul, "a única política", ele também foi registrado aqui em Neauphle-le-Château. Foi aqui que ele a chamou, a ela, aqui, sim. Ela, A.-M. S., Anna-Maria Guardi. Era ela, Delphine Seyrig. E todas as pessoas do filme choravam. Eram lágrimas livres, sem noção do sentido que tinham, inevitáveis, as lágrimas verdadeiras, típicas dos desprovidos.

Chega um momento na vida do qual ninguém escapa, e penso que seja inevitável, do qual não se pode escapar, em que tudo é posto à prova: o casamento, os amigos, sobretudo os amigos do casal. Menos as crianças. As crianças jamais são postas em questão. E essa dúvida cresce ao nosso redor. Essa dúvida é solitária, é a dúvida da solidão. Nasce daí, da solidão. Já é possível dar nome à palavra. Acho que muitas pessoas não seriam capazes de suportar o que digo, elas fugiriam. Talvez por esse motivo nem todo homem seja escritor. Sim. É esta a diferença. É esta a verdade. Nada além disso. A dúvida é escrever. Portanto, é o escritor também. E com o escritor o mundo inteiro escreve. Sempre se soube disso.

Creio também que sem essa dúvida primordial do gesto da escrita não há solidão. Ninguém jamais escreveu a duas vozes. Podemos cantar a duas vozes, fazer música também, e jogar tênis, mas escrever não. Nunca. Eu fiz, de saída, livros considerados políticos. O primeiro foi *Abahn Sabana David*, um dos que me são mais caros. Creio que isto seja um detalhe – que um livro seja mais ou menos difícil de conduzir do que a vida comum. A dificuldade simplesmente existe. É difícil conduzir um livro na direção do leitor, na direção da sua leitura. Se eu não tivesse escrito, teria me tornado uma alcoólatra incurável. É um estado prático esse de ficar perdido sem poder mais escrever... É aí que se bebe. Do momento em que estamos perdidos e que, portanto, não há mais nada a escrever, nada a perder, escrevemos. Enquanto o livro estiver presente, gritando e exigindo ser escrito, escrevemos. Somos obrigados a ficar ao seu dispor. É impossível deixar um livro de lado até que ele esteja de fato escrito – ou seja: sozinho e livre de você, que o escreveu. É tão insuportável quanto um crime. Não acredito nas pessoas que dizem: "Rasguei meu manuscrito, joguei tudo fora." Não acredito nisso. Ou o que estava escrito não existia para os outros ou nunca foi um livro. E quando não é um livro, sempre sabemos. Se um dia virá a ser um livro, não, isso não sabemos. Jamais.

Quando eu me deitava, cobria o rosto. Tinha medo de mim. Não sei como e nem sei por quê. E é por isso que bebia antes de dormir. Para me esquecer de mim. O álcool entra de imediato no sangue, e depois a gente dorme. É angustiante a solidão alcoólica. O coração, sim, é isso. De repente começa a bater muito rápido.

Tudo escrevia quando eu escrevia na casa. A escrita estava por toda parte. E quando eu via os amigos, às vezes tinha dificuldade em reconhecê-los. Houve muitos anos assim, difíceis para mim, sim, uns dez anos talvez, foi quanto isso durou. E quando até mesmo os amigos mais queridos vinham me ver, também era terrível. Os amigos não sabiam nada a meu respeito: me queriam bem e vinham num gesto de gentileza, acreditando me fazer bem. E o mais estranho é que eu não pensava nada sobre isso.

Isso faz da escrita algo selvagem. Unimo-nos a uma selvageria anterior à vida. E a reconhecemos sempre, é a das florestas, antiga como o tempo. A do medo de tudo, distinto e inseparável da própria vida. Ficamos ferozes. Não podemos escrever sem a força do corpo. É preciso ser mais forte que si mesmo para abordar a escrita, é preciso ser mais forte que aquilo que se escreve. É curioso, sim. Não somente a escrita, o escrito, mas os gritos das feras da noite, de todos, você e eu, os dos cachorros. É a vulgaridade maciça, desesperadora, da sociedade. A dor, ela é o Cristo também e Moisés e os faraós e todos os judeus e todas as crianças judias e também a felicidade mais violenta. Ainda acredito nisso.

Esta casa de Neauphle-le-Château, comprei-a com os direitos da adaptação para o cinema do meu livro *Uma barragem contra o Pacífico*. Ela me pertencia, estava em meu nome. Essa compra antecedeu a loucura da escrita. Essa espécie de vulcão. Acho que a casa tem muito a ver com isso. Ela me servia de consolo, a casa, por todas as dores da infância. Ao comprá-la, logo percebi que tinha feito algo importante para mim, e definitivo. E algo só para mim e para o meu filho, pela primeira vez na vida. E eu cuidava bem dela. Limpava-a. Fui bem "caprichosa". Depois, quando embarquei nos meus livros, cuidei dela menos.

Vai muito longe, a escrita… Até que acabe. Às vezes é insustentável. De repente, tudo ganha um sentido em relação ao que se escreve, é de enlouquecer. Não conhecemos mais os nossos conhecidos e acreditamos ter estado à espera dos estranhos. Era sem dúvida simplesmente porque eu estava, então, e um pouco mais que as outras pessoas, cansada de viver. Era um estado de dor sem sofrimento. Não buscava me proteger das outras pessoas, sobretudo das que me conheciam. Não era tristeza. Era desespero. Estava envolvida com o mais árduo trabalho da minha vida: escrever a vida de meu amante de Lahore. Escrever *O vice-cônsul*. Tive que me dedicar três anos a esse livro. Não podia falar a respeito porque a menor intrusão no livro, a menor opinião "objetiva" teria apagado tudo. Uma outra escrita minha, corrigida, teria destruído a escrita do livro e o que eu sabia de mim com relação a ele. Essa ilusão que temos – e que é correta – de sermos a única pessoa que poderia ter escrito o que escrevemos, quer seja uma nulidade, quer seja maravilhoso. E quando eu lia as críticas, na maior parte do tempo estava sensível ao fato de dizerem que aquilo não se parecia com nada. Ou seja, que vinha ao encontro da solidão inicial do autor.

Eu acreditava também ter comprado esta casa aqui de Neauphle para meus amigos, para recebê-los, mas estava enganada. Tinha comprado a casa para mim. É só agora que sei disso e que o digo. Algumas noites, a casa ficava cheia de amigos, os Gallimard vinham frequentemente, com suas mulheres e seus amigos. Eram muitos, os Gallimard, uns quinze, talvez, algumas vezes. Pedia que viessem um pouco antes de colocar as mesas num só cômodo, para ficarmos todos juntos. Essas noites de que falo eram muito alegres para todos. As mais alegres de todas. Robert Antelme, Dionys Mascolo e seus amigos sempre estavam. E meus amantes também, sobretudo

Gérard Jarlot, que era o sedutor em pessoa, e que tinha se tornado ele também um amigo dos Gallimard.

Quando havia muita gente eu ficava ao mesmo tempo menos sozinha e mais abandonada. Para abordar essa solidão, é preciso atravessar a noite com ela. À noite, imaginar Duras em sua cama dormindo sozinha numa casa de quatrocentos metros quadrados. Quando eu ia até o final da casa, lá embaixo, em direção à "casinha", tinha medo do espaço como de uma emboscada. Posso dizer que sentia medo todas as noites. E no entanto jamais tinha feito o menor gesto para que alguém viesse morar comigo. Algumas vezes, à noite, eu saía tarde. Eram passeios de que gostava, com gente do vilarejo, amigos, moradores de Neauphle. Bebíamos. Conversávamos muito. Íamos a uma espécie de cafeteria tão grande como um vilarejo de muitos hectares. Ficava lotada às três da manhã. O nome vem à memória: era Parly II. São lugares onde também estávamos perdidos. Lá os garçons vigiavam, como policiais, aquela espécie de imenso território da nossa solidão.

Não é uma casa de campo, esta casa aqui. Não se pode dizer isso. Primeiro foi uma fazenda, com o lago, e depois foi a casa de campo de um tabelião, o grande Tabelionato parisiense.

Quando abriram para mim a porta de entrada, vi o parque. Durou alguns segundos. Eu disse que sim, que compraria a casa, desde o instante em que atravessei a entrada. Comprei-a de imediato. Paguei na hora, em dinheiro.

Agora ela se tornou uma casa de todas as estações. E dei-a também ao meu filho. Ela pertence a nós dois. Ele é tão apegado a ela quanto eu, agora acho isso. Guardou tudo o que é meu nesta casa. Nela, ainda posso estar sozinha. Tenho minha mesa, minha cama, meu telefone, meus quadros e meus livros. E os roteiros dos meus filmes. E quando vou a essa casa, meu filho fica muito feliz. Essa felicidade do meu filho é agora a alegria da minha vida.

Um escritor é algo curioso. É uma contradição e também um absurdo. Escrever é também não falar. É se calar. É berrar sem fazer ruído. Um escritor com frequência é sossegado, e alguém que escuta muito. Não fala muito, pois é impossível falar com alguém de um livro que escrevemos e sobretudo de um livro que estamos escrevendo. É impossível. É o oposto do cinema, o oposto do teatro e de outros espetáculos. É o oposto de todas as leituras. É o mais difícil de tudo. É o pior. Pois um livro é o desconhecido, é a noite, é fechado, é isso. É o livro que avança, que cresce, que avança nas direções que acreditávamos ter explorado, que avança rumo ao seu próprio destino e o de seu autor, então aniquilado por sua publicação: sua separação dele, do livro sonhado, como do filho caçula, sempre o mais amado.

Um livro aberto é também a noite.

Não sei por quê, essas palavras que acabo de dizer me fazem chorar.

Escrever assim mesmo, apesar do desespero. Não: com o desespero. Que desespero, não sei dizer, não sei o nome disso. Escrever ao lado do que precede a escrita é sempre estragá-la. E é preciso, contudo, aceitar isto: estragar o insucesso é se voltar a um outro livro, a um outro possível desse mesmo livro.

Esse perder-se de si dentro da casa não é em absoluto voluntário. Eu não dizia "Estou fechada aqui todos os dias do ano". Não estava, seria falso dizê-lo. Ia fazer compras, ia ao café. Mas ao mesmo tempo estava aqui. O vilarejo e a casa são parecidos. E a mesa diante do lago. E a tinta preta. E o papel branco é parecido. E quanto aos livros – não, de repente, com eles nunca é parecido.

Antes de mim, ninguém nesta casa havia escrito. Perguntei ao prefeito, aos vizinhos, aos comerciantes. Não. Nunca. Telefonei várias vezes a Versailles para tentar saber o nome das pessoas que haviam morado nessa casa. Na lista dos sobrenomes dos moradores e seus nomes e suas ocupações não havia nenhum escritor. Entretanto, todos esses nomes poderiam ter sido de escritores. Todos. Mas não. Eram chácaras de família o que havia por aqui. O que encontrei na terra foram lixeiras alemãs. A casa havia sido de fato ocupada por oficiais alemães. Suas lixeiras eram buracos, buracos na terra. Havia muitas conchas de ostras, caixas vazias de alimentos caros, sobretudo de *foie gras*, caviar. E muita louça quebrada. Jogamos tudo fora. Exceto os cacos da porcelana, sem dúvida de Sèvres – os desenhos estavam intactos. E o azul era o azul inocente dos olhos de algumas de nossas crianças.

Quando um livro termina – um livro que escrevemos, claro –, não podemos mais dizer, ao ler esse livro, que se trata de um livro nosso, nem que coisas foram escritas ali, nem em que estado de desespero ou felicidade, se foi um achado ou um fracasso de todo o nosso ser. Porque, no fim das contas, nada dessa ordem pode ser visto num livro. A escrita é, num certo sentido, uniforme, moderada. Nada mais se passa num livro assim, terminado e distribuído. E ele volta a se unir à inocência indecifrável de sua vinda ao mundo.

Estar sozinha com o livro ainda não escrito é estar ainda no primeiro sono da humanidade. É isso. É também estar sozinha com a escrita ainda não explorada. É tentar não morrer. É estar sozinha num abrigo durante a guerra. Mas sem preces, sem Deus, sem pensamento algum, exceto o desejo louco de matar a nação alemã até o último nazista.

A escrita jamais teve referência alguma, ou então ela é... Ela é ainda como no primeiro dia. Selvagem. Diferente. Exceto as pessoas, as que circulam no livro, elas nunca são esquecidas durante o trabalho, e o autor jamais as lamenta. Não, disso estou certa, não, a escrita de um livro, o escrito. Então, é sempre a porta aberta para o abandono. O suicídio está presente na solidão de um escritor. Estamos sozinhos mesmo em nossa própria solidão. Sempre inconcebível. Sempre perigosa. Sim. Um preço a pagar por ter ousado sair e gritar.

Na casa, eu escrevia no andar de cima, não escrevia lá embaixo. Depois passei, ao contrário, a escrever no espaçoso cômodo principal do andar térreo para estar menos sozinha, talvez, já não sei, e também para ver o parque. Existe isto no livro: a solidão, ali, é a solidão do mundo inteiro. Está por toda parte. Invadiu tudo. Acredito sempre nessa invasão. Feito todo mundo. A solidão é aquilo sem o que nada fazemos. Sem o que já não olhamos para mais nada. É uma maneira de pensar, de ponderar, mas unicamente com as ideias cotidianas. Isso também está presente na função de escrever sobretudo, talvez, dizer a si mesmo que não é preciso se matar todos os dias, já que a qualquer dia a gente pode se matar. É isso a escrita do livro, não a solidão. Falo da solidão, mas não estava sozinha, pois tinha este trabalho a realizar, para trazer à luz, este trabalho de condenado: escrever *O vice cônsul da França em Lahore*. E ele foi feito e traduzido para línguas de todo o mundo, e foi preservado. E nesse livro o vice-cônsul atira na lepra, nos leprosos, nos miseráveis, nos cachorros, e depois atira nos brancos, nos governantes brancos. Matava tudo menos a ela, aquela que na manhã de um certo dia se afogou no Delta, Lola Valérie Stein, essa Rainha da minha infância e de S. Thala, essa mulher do governador de Vinh Long.

Esse foi o primeiro livro da minha vida. Foi em Lahore, e também lá, no Camboja, nas plantações, por toda parte. *O vice-cônsul* começa com a criança de quinze anos que está grávida, a pequena Annamite, expulsa da casa da mãe e que perambula por esse maciço de mármore azul chamado Pursat. Não sei mais como continua. Lembro-me que foi muito penoso encontrar esse lugar, essa montanha de Pursat, onde jamais tinha estado. O mapa estava ali, sobre minha escrivaninha, e eu segui as trilhas da marcha dos mendigos e das crianças de pernas quebradas, de olhar vazio, abandonadas por suas mães e que comiam lixo. Era um livro muito difícil de fazer. Não havia um plano possível para expressar a amplitude da infelicidade, porque nada restava dos fatos visíveis que a teriam provocado. Nada havia além da Fome e da Dor.

Não havia mais encadeamento algum entre os eventos de natureza selvagem, então nunca havia programação.

Isso jamais existiu em minha vida. Jamais. Nem em minha vida, nem em meus livros, nem uma única vez.

Eu escrevia todas as manhãs. Mas sem hora certa. Nunca. Exceto para a cozinha. Sabia quando precisava vir para que alguma coisa fervesse ou para que outra coisa não queimasse. E quanto aos livros, também sabia. Juro. Tudo, eu juro. Nunca menti em um livro. Nem na vida. Exceto para os homens. Nunca. E isso porque minha mãe tinha me aterrorizado com a mentira que matava as crianças mentirosas.

Creio que o que condeno nos livros é, de modo geral, o fato de não serem livres. Isso se vê através da escrita: eles são fabricados, organizados, regulamentados, adequados, eu diria. Uma função de revisão que o escritor exerce, muitas vezes, em relação a si mesmo. O escritor se torna então seu próprio policial. Refiro-me aqui à busca pela boa forma, ou seja, a forma mais corrente, mais clara e mais inofensiva. Há ainda gerações mortas que fazem livros pudicos. Até mesmo os jovens: livros *encantadores*, sem consequência alguma, sem noite. Sem silêncio. Em outras palavras: sem um verdadeiro autor. Livros do dia, de passatempo, de viagem. Mas não livros que se incrustam no pensamento e que falam do luto negro de toda vida, o lugar-comum de todo pensamento.

Não sei o que é um livro. Ninguém sabe. Mas sabemos quando ele existe. E quando não há nada, sabemos, do mesmo modo como sabemos que estamos vivos, que ainda não morremos.

Cada livro, como cada escritor, tem uma passagem difícil, incontornável. E ele deve tomar a decisão de deixar esse erro no livro para que permaneça sendo um livro verdadeiro, e não uma mentira. A solidão, ainda não sei o que ela se torna, depois. Ainda não posso falar sobre isso. O que acho é que essa solidão se torna banal, com o tempo ela se torna vulgar, e isso é bom.

Quando falei pela primeira vez do amor entre Anne-Marie-Stretter, a embaixadora da França em Lahore, e o vice-cônsul, tive a sensação de ter destruído o livro, de tê-lo tirado do estado de espera. Mas não, isso não apenas foi preservado como o contrário também. Existem erros dos autores, coisas como essas, que são na verdade oportunidades. Os erros bem-sucedidos são muito estimulantes, são magníficos, e mesmo os outros, os mais fáceis, como os relativos à infância, são com frequência maravilhosos.

Os livros dos outros, eu os acho muitas vezes "limpos", mas também como que dependentes de um classicismo sem risco algum. Fatal seria a palavra, sem dúvida. Não sei.

As grandes leituras da minha vida, aquelas só minhas, são as escritas por homens. É Michelet. Michelet e sempre Michelet, até as lágrimas. Os textos políticos também, mas esses menos. É Saint-Just, Stendhal e, estranhamente, não é Balzac. O Texto dos textos é o Antigo Testamento.

Não sei como me libertei do que poderíamos chamar de crise, uma crise de nervos, como diríamos, ou uma crise letárgica, de degradação, como seria um sono fingido. A solidão era assim também. Um tipo de escrita. E ler era escrever.

Certos escritores são apavorados. Têm medo de escrever. O que contou no meu caso foi, talvez, jamais ter tido medo desse medo. Fiz livros incompreensíveis e eles foram lidos. Um deles, que li recentemente, e que fazia uns trinta anos que não relia, acho magnífico. Tem por título

A vida tranquila. Desse livro eu havia esquecido tudo, exceto a última frase: "Ninguém além de mim tinha visto o homem se afogar." Foi um livro escrito de uma tacada, na lógica banal e muito sombria de um assassinato. Nesse livro podemos ir mais longe que o próprio livro, que o assassinato do livro. Não sabemos aonde vamos, rumo à adoração da irmã, sem dúvida, a história de amor da irmã e do irmão, ainda, sim, a eternidade de um amor deslumbrante, imprudente, castigado.

Somos doentes de esperança, nós, os de 68 – a esperança é a que colocamos no papel do proletariado. E a nós, lei alguma, coisa alguma, nada nem ninguém vai nos curar dessa esperança. Gostaria de voltar a me filiar ao P. C. Mas ao mesmo tempo sei que não deveria. E gostaria também de me dirigir à direita e insultá-la com toda a minha cólera. O insulto é tão forte quanto a escrita. É uma escrita, mas dirigida. Insultei pessoas em meus artigos, e é tão reconfortante quanto escrever um belo poema. Para mim, há uma diferença radical entre um homem de esquerda e um homem de direita. Parece que são as mesmas pessoas. A esquerda tinha Bérégovoy, que ninguém vai substituir. O Bérégovoy número um é Mitterrand, que também não se parece com ninguém.

Eu me pareço com todo mundo. Não acredito que alguém jamais tenha voltado a cabeça ao me ver passar, na rua. Sou a banalidade. O triunfo da banalidade. Como aquela velha senhora do livro *Le camion*.

Viver assim, como digo que vivia, nessa solidão, por um longo tempo, isso implica riscos. É inevitável. Desde o momento em que o ser humano se vê sozinho, ele oscila para o desatino. Acredito nisto: acredito que a pessoa entregue a si mesma já esteja tocada pela loucura, porque nada a detém quando surge um delírio pessoal.

Nunca se está só. Nunca se está fisicamente só. Em lugar algum. Sempre se está em algum lugar. Ouvem-se os ruídos da cozinha, da TV ou do rádio em apartamentos próximos e em todo o edifício. Sobretudo quando nunca pedimos silêncio, como sempre fiz.

Adoraria contar a história que contei pela primeira vez a Michelle Porte, que tinha feito um filme sobre mim.

Àquela altura da história, eu me encontrava num cômodo a que chamávamos de *despensa* na "casinha" com a qual se comunica o casarão. Estava sozinha. Esperava Michelle Porte naquela despensa. Costumo ficar assim com frequência, sozinha em lugares calmos e vazios. Por muito tempo. E foi nesse silêncio, naquele dia, que de repente eu vi e ouvi, na parede, bem perto de mim, os últimos minutos da vida de uma mosca comum.

Sentei-me no chão para não assustá-la. E não me mexi mais.

Estava sozinha com ela na casa inteira. Nunca havia pensado nas moscas até então, exceto sem dúvida para xingá-las. Feito vocês. Fui criada, como vocês, no horror desta calamidade para o mundo inteiro, que trazia a peste e a cólera.

Aproximei-me para vê-la morrer.

Ela queria escapar da parede onde arriscava virar prisioneira da areia e do cimento que se depositavam sobre essa parede, com a umidade do parque. Fiquei observando como uma mosca morria. Foi demorado. Ela se debatia contra a morte. Durou talvez de dez a quinze minutos e então parou. A vida tivera de parar. Fiquei ali para continuar vendo. A mosca continuou sobre a parede como eu a tinha visto, como que grudada nela.

Eu estava enganada: ela ainda vivia.

Ainda fiquei ali olhando para ela, na esperança de que recomeçasse a ter esperança, a viver.

Minha presença tornava aquela morte ainda mais atroz. Eu sabia disso e fiquei. Para ver. Ver como aquela morte invadiria progressivamente a mosca. E também tentar ver de onde surgia essa morte. De fora, ou da espessura da parede, ou do chão. De que noite ela vinha, da terra ou do céu, das florestas próximas ou, ainda, de um nada ainda indizível, talvez muito perto, talvez de mim, eu que estava tentando refazer os caminhos da mosca em sua passagem para a eternidade.

Não sei mais qual o final. Sem dúvida, a mosca, exaurida, caiu. As patas se desgrudaram da parede. E ela caiu da parede. Não sei mais nada, exceto que fui embora dali. Disse a mim mesma: "Você está ficando louca." E fui embora dali.

Quando Michelle Porte chegou, mostrei a ela o lugar e contei que uma mosca tinha morrido lá às três e vinte. Michelle Porte riu muito. Acabou-se de rir. Tinha razão. Sorri para ela, a fim de que aquela história acabasse.

Mas não: ela continuava rindo. E quando conto tudo isso a vocês, assim, a verdade, a minha verdade, é o que acabo de dizer, o que se passou entre mim e a mosca e que não se presta ao riso.

A morte de uma mosca é a morte. É a morte em marcha rumo a um certo fim do mundo, que estende o campo do sono derradeiro. Vemos morrer um cachorro, vemos morrer um cavalo, e dizemos alguma coisa, por exemplo, pobre bicho... Mas quando uma mosca morre, não dizemos nada, não nos damos conta de nada.

Agora está escrito. É esse tipo de derrapagem – não gosto dessa palavra – muito sombria, que corremos o risco de cometer. Não é grave, mas é um fato em si mesmo, total, de um sentido enorme: de um sentido inacessível e de uma extensão sem limites. Pensei nos judeus. Odiei a Alemanha como nos primeiros dias da Guerra, com todo meu corpo, com toda minha força. Da mesma forma, durante a Guerra, a cada alemão que passava na rua, eu pensava no seu assassinato, cometido por mim mesma, inventado e aperfeiçoado por mim, pensava nessa felicidade colossal, um corpo alemão morto por mim.

Também é bom se o escrito leva a isso, a essa mosca, em agonia, quero dizer: escrever o pavor de escrever. A hora exata da morte, registrada, já a tornava inacessível. Dava-lhe uma importância de caráter geral, digamos, um lugar preciso no mapa geral da vida sobre a terra.

Tal precisão da hora de sua morte fazia com que a mosca tivesse um funeral secreto. Vinte anos após sua morte, a prova está aqui, ainda falamos dela.

Eu nunca tinha contado a morte dessa mosca, sua duração, sua lentidão, seu medo atroz, sua verdade.

A precisão da hora da morte remete à coexistência com o homem, com os povos colonizados, com a massa fabulosa dos desconhecidos do mundo, as pessoas sós, as que vivem numa solidão universal. A vida está em toda parte. Da bactéria ao elefante. Da terra aos céus divinos ou já mortos.

Eu não tinha organizado nada em torno da morte da mosca. As paredes brancas e lisas já eram sua mortalha e já estavam ali, fazendo com que sua morte se tornasse um acontecimento público, natural e inevitável. Aquela mosca estava claramente no fim da vida. Eu não podia me impedir de vê-la morrer. Ela não se mexia mais. Havia isso também, e saber que não podemos contar que esta mosca existiu.

Isso foi há vinte anos. Eu nunca tinha contado este acontecimento como acabei de fazer, nem mesmo à Michelle Porte. O que eu sabia – o que via – era que a mosca já *sabia* que esse gelo que a atravessava era a morte. Era isso o mais assustador. O mais inesperado. Ela sabia. E ela aceitava.

Uma casa sozinha não existe desse jeito. É preciso que o tempo passe em torno dela, pessoas, histórias, "reviravoltas", coisas como o casamento ou a morte daquela mosca, a morte, a morte banal – a da unidade e da pluralidade ao mesmo tempo, a morte planetária, proletária. A que é provocada pelas guerras, essas montanhas de guerras que existem na Terra.

Naquele dia. Naquela data de um encontro com minha amiga Michelle Porte, vista somente por mim, naquele dia sem hora alguma, uma mosca morreu.

No momento em que eu estava olhando para ela, de repente eram três e vinte e poucos da tarde: o barulho dos élitros cessou.

A mosca estava morta.

Aquela rainha. Negra e azul.

Aquela mosca, aquela que eu tinha visto, tinha morrido. Devagar. Tinha lutado até o último sobressalto. E então havia cedido. Talvez tudo tenha durado entre cinco e oito minutos. Foi longo. Foi um momento de medo absoluto. E foi a partida da morte rumo a outros céus, outros planetas, outros lugares.

Eu queria sair correndo dali, mas também dizia a mim mesma que precisava olhar na direção daquele ruído no chão, para ter pelo menos escutado, uma vez, aquele ruído de madeira verde queimando que tem a morte de uma mosca comum.

Sim. É isso, a morte daquela mosca se tornou esse deslocamento da literatura. Escrevemos sem saber. Escrevemos observando uma mosca morrer. Temos o direito de fazê-lo.

Michelle Porte teve um ataque de riso quando eu disse a que horas a mosca tinha morrido. E agora penso que talvez não tenha sido eu quem contou essa morte de maneira engraçada. Naquele momento, eu não tinha meios de exprimi-la porque observava aquela morte, a agonia daquela mosca negra e azul.

A solidão está sempre acompanhada pela loucura. Sei disso. Não vemos a loucura. Às vezes apenas a pressentimos. Não creio que possa ser diferente. Quando tiramos tudo de dentro de nós, um livro inteiro, é inevitável o estado particular de uma certa solidão que não podemos partilhar com ninguém. Não podemos partilhar nada. Devemos ler sozinhos o livro que escrevemos, enclausurados no livro. Isso tem, claro, um aspecto religioso, mas não o percebemos como tal de início – podemos pensar a respeito depois (como penso neste momento), em razão de algo que seria a vida, por exemplo, ou de uma solução para a vida do livro, da palavra, dos gritos, dos urros surdos e silenciosamente terríveis de todos os povos do mundo.

Em torno de nós, tudo escreve, é isso que precisamos perceber, tudo escreve, a mosca, ela, ela escreve, nas paredes, ela escreveu bastante na luz da grande sala, refletida pelo lago. A escrita da mosca poderia preencher uma página inteira. Então, seria uma escrita. Do momento em que ela poderia ser uma escrita, já o é. Um dia, talvez, no decorrer de séculos por vir, leríamos essa escrita, ela seria decifrada, ela também, e traduzida. E a imensidão de um poema ilegível ia se desdobrar no céu.

Mas, ainda assim, em algum lugar do mundo fazemos livros. Todo mundo faz. Acredito nisso. Estou certa de que é assim. Que para Blanchot, por exemplo, é assim. Ele tem a loucura ao seu redor. A loucura é também a morte. Não para Bataille. Por que Bataille estava ao abrigo do pensamento livre, louco? Eu não saberia dizer.

Sobre a história da mosca, queria dizer ainda um pouco mais.

Ainda a vejo, ela, aquela mosca, na parede branca, morrendo. Na luz solar, de início, e então na luz refletida e sombria do chão de ladrilhos.

Podemos também não escrever, esquecer uma mosca. Apenas olhar para ela. Ver como ela por sua vez se debatia, de uma maneira terrível e contabilizada num céu desconhecido e nulo.

Pronto, é tudo.

Vou falar sobre nada.

Sobre nada.

Todas as casas em Neauphle são habitadas: no inverno, mais ou menos, é verdade, mas são habitadas mesmo assim. Não são reservadas para o verão, como acontece com frequência. Ficam abertas o ano inteiro, são habitadas.

O que conta nessa casa de Neauphle-le-Château são as janelas que dão para o parque e a estrada de Paris em frente à casa. Aquela por onde passam as mulheres dos meus livros.

Dormi muito naquele cômodo que se tornou a sala. Durante muito tempo achei que um quarto de dormir fosse algo convencional. Foi quando trabalhei ali que o quarto se tornou indispensável para mim, assim como os demais quartos, mesmo os que estão vazios, nos outros andares. O espelho da sala era dos proprietários que me antecederam. Deixaram para mim. O piano eu comprei logo depois da casa, quase que pelo mesmo preço.

Junto à casa havia, há cem anos, uma trilha para o gado vir beber água no lago. O lago está agora no meu lote. E não há mais gado. O leite fresco da manhã também se acabou no vilarejo. Faz cem anos.

Na verdade, é quando rodamos um filme aqui que a casa aparece como a outra casa, a que foi para outras pessoas, antes. Em sua solidão, sua graça, ela se mostra de repente como uma outra casa que pertenceria ainda a outras pessoas. Como se fosse possível vislumbrar algo tão monstruoso como a perda da posse desta casa.

O lugar onde se guardam as frutas, os legumes, a manteiga com sal, para mantê-los frescos, no interior... Havia um cômodo assim... escuro e fresco... creio que é isso, uma *despensa*, sim, é isso. Essa é a palavra.[1] Guardar tudo bem abrigado para as reservas da guerra.

As primeiras plantas que nasceram aqui são as que estão sobre o peitoril das janelas da entrada. É o gerânio-rosa vindo do sul da Espanha. Perfumado como o Oriente.
Nunca jogamos fora as flores nesta casa. É um hábito, não uma regra. Nunca, mesmo mortas, elas ficam onde

---

1_Antiga acepção da palavra francesa *dépense*, que já caiu em desuso (N. da E.)

estão. Existem pétalas de rosas há quarenta anos no mesmo vaso. Estão ainda bem rosadas. Secas e Rosas.

O problema, durante todo o ano, é o crepúsculo. Tanto no verão como no inverno.

Há o primeiro crepúsculo, o do verão, e não é preciso acender as luzes dentro da casa.

E depois há o autêntico, o crepúsculo do inverno. Às vezes, fechamos os postigos das janelas para não vê-lo. Há as cadeiras também, que dispomos para o verão. É no terraço que passamos todos os verões. Que conversamos com os amigos que vêm durante o dia. Com frequência para isso, conversar.

É sempre triste, mas não trágico, o inverno, a vida, a injustiça. O horror absoluto de uma certa manhã.

É só isso, triste. Nem com o tempo nos habituamos a isso.

O mais difícil, nesta casa, é o temor pelo destino das árvores. Sempre. E cada vez. Cada vez que há um temporal, e por aqui acontece com frequência, torcemos pelas árvores, ficamos apreensivos por elas. Já não lembro como se chamam.

A hora do crepúsculo, de tardezinha, é a hora na qual todos param de trabalhar em volta do escritor.

Nas cidades, nos vilarejos, em toda parte, os escritores são pessoas solitárias. Em toda parte, eles sempre foram assim.

No mundo inteiro, com o fim da luz do dia vem o fim do trabalho.

E eu sempre senti essa hora como se não fosse, para mim, a hora do fim do trabalho, mas a hora do começo do trabalho. Há, na natureza, um tipo de inversão de valores quanto ao escritor.

O outro trabalho, para os escritores, é aquele que às vezes chega a envergonhar, aquele que provoca a maior parte do tempo um desgosto de ordem política, o mais violento de todos. Sei que ficamos inconsoláveis. E que nos tornamos agressivos como os cachorros de polícia deles.

Aqui, nos sentimos separados do trabalho manual. Contra isso, porém, contra o sentimento ao qual é necessário se adaptar, se habituar, nada é eficaz. O que há de dominar sempre, e isso nos faz chorar, é o inferno e a injustiça do mundo do trabalho. O inferno das fábricas, os abusos do desprezo, da injustiça do patronato, seu horror, o horror do regime capitalista, toda a infelicidade que dele decorre, o direito dos ricos de ter o proletariado ao seu dispor e fazer dele a razão do seu fracasso, nunca do seu sucesso. O mistério é por que o proletariado aceita. Mas somos muitos, e a cada dia mais numerosos, os que acreditam que isso não pode perdurar. Que alguma coisa foi alcançada por todos nós, uma nova leitura, talvez, dos seus textos desonrosos. Sim, é isso.

Não insisto, vou embora. Mas o que digo é experimentado por todos, mesmo que não saibam disso.

Frequentemente, com o fim do trabalho vem a lembrança da injustiça maior. Falo da vida cotidiana. Não é pela manhã, é no fim da tarde que isso acontece, que entra nas casas, vem até nós. E, se não somos assim, então não somos nada. Somos: nada. E sempre, em todos os casos de todos os vilarejos, isso é sabido.

A libertação vem quando a noite começa a cair. Quando o trabalho cessa lá fora. Fica o luxo que temos, nós, de poder escrever à noite. Podemos escrever a qualquer hora. Não somos sancionados por ordens, horários, chefes, armas, multas, insultos, policiais, chefes e mais chefes. E galinhas chocas dos fascismos de amanhã.

A luta do vice-cônsul é uma luta ao mesmo tempo ingênua e revolucionária.

É essa a injustiça maior deste tempo, de todos os tempos: e se não choramos por isso pelo menos uma vez na vida, não choramos por mais nada. E nunca chorar é não viver.

Chorar tem que acontecer também.

Se é inútil chorar, creio que é preciso assim mesmo chorar. Porque o desespero é o tangível. Permanece. A lembrança do desespero permanece. Às vezes, mata.

Escrever.

Não posso.

Ninguém pode.

É preciso dizer: não podemos.

E escrevemos.

É o desconhecido que carregamos dentro de nós: escrever, é isso que se alcança. É isso ou nada.

Podemos falar de uma doença da escrita.

Não é simples o que tento dizer aqui, mas creio que podemos reencontrar o nosso caminho, camaradas de todos os países.

Há uma loucura da escrita que existe em si mesma, uma furiosa loucura da escrita, mas não é por isso que ficamos loucos. Ao contrário.

A escrita é o desconhecido. Antes de escrever, nada sabemos acerca do que vamos escrever. E com toda a lucidez.

É o desconhecido de si mesmo, da sua cabeça, do seu corpo. Escrever não é nem mesmo uma reflexão, é um tipo de aptidão que temos ao lado da nossa personalidade, paralelamente a ela, uma outra pessoa que aparece e que avança, invisível, dotada de pensamento, de raiva, e que, algumas vezes, coloca a si mesma em risco de vida.

Se soubéssemos alguma coisa daquilo que vamos escrever antes de fazê-lo, antes de escrever, nunca escreveríamos. Não valeria a pena.

Escrever é tentar saber o que escreveríamos se fôssemos escrever – só ficamos sabendo depois – antes, é a pergunta mais perigosa que podemos nos fazer. Mas também é a mais comum.

A escrita chega como o vento, é nua, é de tinta, é a escrita, e passa como nada mais passa na vida, nada mais, exceto ela, a vida.

A MORTE DO JOVEM AVIADOR INGLÊS.

O início, o começo de uma história.

É a história que vou contar, pela primeira vez. A história deste livro.

Creio que seja uma direção da escrita. É isso, a escrita dirigida, por exemplo, a você, de quem ainda não sei nada.

A você, leitor:

Passa-se num vilarejo bem perto de Deauville, a poucos quilômetros do mar. Esse vilarejo se chama Vauville. O *département* é o de Calvados.

Vauville.
Está ali. É a palavra escrita na placa.

Quando estive lá pela primeira vez, foi a conselho de amigas, comerciantes em Trouville. Elas tinham me falado da encantadora capela de Vauville. Então vi a igreja nesse dia, nessa primeira vez, sem ver nada do que vou contar.

A igreja é realmente belíssima e mesmo encantadora. À sua direita, há um pequeno cemitério do século XIX, nobre, luxuoso, que lembra o Père-Lachaise, muito ornamentado, tal como uma festa imóvel, congelada no centro dos séculos.

Do outro lado dessa igreja se encontra o corpo do jovem aviador inglês, morto no último dia da guerra.

E no meio do gramado há um túmulo. Uma laje de granito cinza-claro, perfeitamente polida. Não a vi de imediato, essa pedra. Vi quando fiquei a par da história.

Era um menino inglês.

Tinha vinte anos.

Seu nome está gravado na lápide.

De início o chamaram de Jovem Aviador Inglês.

Era órfão. Estudava num colégio da província do norte de Londres. Tinha se alistado, como muitos jovens ingleses.

Eram os últimos dias da Segunda Guerra Mundial. O último dia, talvez, é possível. Ele tinha atacado uma bateria alemã. Para se divertir. Como tinha atirado em sua bateria, os alemães revidaram. Atiraram no menino. Ele tinha vinte anos.

O menino ficou prisioneiro de seu próprio avião. Um Meteor de um único assento.

É isso, sim. Ficou prisioneiro do avião. E o avião caiu sobre a copa de uma árvore da floresta. Foi lá – as pessoas do vilarejo acreditam – que ele morreu, durante aquela noite, a última da sua vida.

Durante um dia e uma noite, na floresta, todos os moradores de Vauville velaram seu corpo. Como antes, em tempos antigos, como teríamos feito antes, fizeram isso com velas, orações, cantos, lamentos, flores. E depois conseguiram tirá-lo do avião. E tiraram o avião da árvore. Foi demorado, difícil. Seu corpo estava preso nas ferragens e na árvore.

Baixaram-no da árvore. Levou muito tempo. No fim da noite, estava terminado. Uma vez baixado o corpo, eles o colocaram no cemitério e cavaram de imediato o túmulo. Foi no dia seguinte, creio, que compraram a lápide de granito claro.

É o início da história.

Ele ainda está lá, o jovem inglês, nesse túmulo. Sob a laje de granito.

Um ano depois da sua morte, alguém veio vê-lo, a esse jovem soldado inglês. Tinha trazido flores. Um velho, também inglês. Veio para chorar sobre o túmulo do menino e rezar. Disse que era professor do menino num colégio ao norte de Londres. Foi ele quem disse o nome do menino.

Foi ele quem disse também que aquele menino era órfão. Que não havia ninguém a quem avisar.

Ele voltava todo ano. Durante oito anos.

E sob a lápide de granito a morte continuava a se eternizar.

E então, ele nunca mais voltou.

E mais ninguém sobre a terra se lembrou da existência desse menino rebelde e louco, e alguns diziam: esse menino louco, que tinha ganhado sozinho a Guerra Mundial.
Não havia mais ninguém a não ser os moradores do vilarejo para se lembrar de cuidar do túmulo, das flores, da lápide de pedra cinza. Creio que durante anos ninguém soube da sua história, fora as pessoas de Vauville.

O professor tinha dito o nome do menino. Esse nome foi gravado sobre o túmulo:
W. J. Cliffe.

O velho chorava toda vez que falava do menino.

No oitavo ano, não voltou. E nunca mais apareceu.

Meu irmão mais novo tinha morrido durante a guerra do Japão. Em seu caso, morto sem sepultura. Jogado numa cova coletiva em cima dos últimos corpos. E é uma coisa tão terrível de se pensar, tão atroz, que não podemos suportá-la, e da qual não se sabe, antes de tê-la vivido, a que ponto. Não é a mistura de corpos, de jeito nenhum, é o desaparecimento desse corpo em meio a outros corpos. É o corpo dele, seu corpo, jogado na fossa dos mortos, sem uma palavra, sem um discurso. Exceto a oração por todos os mortos.

Para o jovem aviador inglês, não foi o caso, pois os moradores da cidade tinham cantado e rezado de joelhos sobre a grama em volta do túmulo e ficaram lá toda a noite. Mas assim mesmo isso me remeteu à cova coletiva nos arredores de Saigon onde está o corpo de Paulo. Mas agora acho que há mais que isso. Acho que um dia, muito mais tarde, mais tarde ainda, não sei bem, mas já sei, sim, muito mais tarde, vou encontrar, já sei disso, algo de material que reconhecerei como um sorriso congelado na órbita dos seus olhos. Dos olhos de Paulo. Ali, há mais que Paulo. Para que isso se torne um acontecimento totalmente pessoal, essa morte do jovem aviador inglês, há muito mais do que aquilo em que acredito.

Eu jamais saberia o quê. Não se saberá jamais.
Ninguém.

Isso me remete ao nosso amor também. Há o amor do irmão caçula e havia o nosso amor, nosso, dele e meu, um amor muito forte, oculto, culpado, um amor de todos os momentos. Adorável mesmo depois da morte. O jovem morto inglês era todo mundo e era também só ele. Era todo mundo e ele. Mas "todo mundo" não faz a gente chorar. E então o desejo de ver o menino morto, para verificar, sem conhecê-lo em absoluto, se aquele tinha sido de fato seu rosto, aquele buraco na extremidade de seu corpo sem olhos; aquele desejo de ver seu corpo e como era seu rosto na morte, dilacerado pelo aço do Meteor.

Será que ainda era possível ver algo disso? Mal me vem ao pensamento. Nunca pensei que podia escrever isso. Dizia respeito a mim, e não aos leitores. Você é meu leitor, Paulo. Porque eu te digo isso, te escrevo isso, é verdade. Você é o amor da minha vida inteira, a razão da nossa cólera frente àquele irmão mais velho, e isso durante toda a nossa infância, toda a tua infância.

A sepultura é solitária. Como ele próprio foi. Essa sepultura tem a idade da morte dele... como dizer... não sei... o estado da grama, do pequeno jardim também. A proximidade do outro cemitério também contou. Mas realmente, como dizê-lo? Como unir a criancinha morta aos seis meses, cujo túmulo está no alto da grama, e essa outra criança de vinte anos? Ainda estão lá, os dois, seus nomes e suas idades. Estão sozinhos.

E depois vi outra coisa. Sempre vemos coisas, depois.

Vi o céu com o sol por entre as árvores, elas também mortas nos campos, mutiladas, as árvores negras. Vi que as árvores ainda estavam negras. E, mais adiante, a escola municipal estava lá também. E ouvi dizer que as crianças cantaram: "Nunca te esquecerei." Por você. Sozinho. E na origem de tudo isso havia, dali em diante, esse alguém e esse menino, meu menino, meu irmão caçula, e mais alguém, o menino inglês. Iguais. A morte também batiza.

Aqui, estamos muito distantes da identidade. Ele é um morto, um morto de vinte anos que irá até o fim dos tempos. Isso é tudo. O nome não vale mais a pena dizer: ele era uma criança.

Podemos parar por aqui.

Podemos parar por aqui, neste ponto particular da vida de um menino de vinte anos, o último a morrer na guerra.

A morte de qualquer pessoa que seja ainda é a morte. Qualquer menino de vinte anos é um menino de vinte anos.

Não é exatamente a morte de qualquer pessoa. Continua sendo a morte de um menino.

A morte de qualquer pessoa é a morte inteira. Qualquer um é todo mundo. E qualquer um pode assumir a forma atroz de uma infância em curso. Essas coisas são sabidas nos vilarejos; os camponeses me ensinaram com a brutalidade de um evento que se tornou aquele evento, de um menino de vinte anos morto numa guerra em que se divertia.

Talvez por isso ele tenha ficado intacto, esse jovem inglês morto, que ele tenha ficado preso àquela idade, terrível, atroz, a idade dos vinte anos.

Ficamos amigos das pessoas do vilarejo, sobretudo da velha que cuida da igreja.

As árvores mortas estão lá, loucas, congeladas em sua desordem, tanto que o vento não pode mais com elas. São inteiras, mártires, são negras, com o sangue escuro das árvores mortas pelo fogo.

Ele se tornou sagrado para mim – a passante –, esse jovem inglês morto aos vinte anos. Chorei por ele todas as vezes.

E então o velho senhor inglês que vinha todos os anos chorar sobre o túmulo desse menino, arrependi-me de não tê-lo conhecido para falar do menino, do seu riso, dos seus olhos, das suas brincadeiras.

O rapaz morto foi acolhido por todo o vilarejo. E o vilarejo o adorou. O menino da guerra, ele sempre terá flores sobre seu túmulo. Fica o desconhecido: a data do dia em que isso vai parar.

Em Vauville, o canto da mendiga me retorna à memória. Aquele canto tão simples. O dos loucos, de todos os loucos, em toda parte, os da indiferença. Aquele da morte fácil. Aqueles da morte pela fome, aquela dos mortos das estradas, das valas, meio devorados pelos cachorros, pelos tigres, pelas aves de rapina, pelos ratos gigantes dos pântanos.

O mais difícil de suportar é o rosto destruído, a pele, os olhos arrancados. Os olhos vazios da visão, já sem olhar. Fixos. Voltados para nada mais.

Tem vinte anos. A idade, a cifra da idade parou na morte, terá para sempre vinte anos, isso que se tornou. Não sabemos. Não olhamos.

Eu quis escrever sobre o menino inglês. E não posso mais escrever sobre ele. E escrevo, veja você, assim mesmo escrevo. É porque escrevo sobre isso que não sei que pode ser escrito. Sei que não é uma narrativa. É um fato brutal, isolado, sem eco algum. Os fatos bastariam. Contaríamos de novo os fatos. E o velho que chorava sempre, que veio durante oito anos e que, certa vez, não voltou mais. Jamais. Será que foi ele também pego pela morte? Sem dúvida alguma. E então a história terminaria pela eternidade, da mesma forma que o sangue do menino, os olhos, o sorriso dele interrompido pelos lábios pálidos da morte.

As crianças da escola cantam que o amavam havia muito tempo, esse menino de vinte anos, e que jamais o esqueceriam. Cantam isso todas as tardes.

E eu choro.

Houve crepúsculos do azul dos olhos dessas crianças da escola.

Houve essa cor azul no céu, esse azul que era o do mar. Houve todas as árvores que tinham sido assassinadas. Havia o céu também. Eu o fitei. Ele recobria todas as coisas com sua lentidão, com sua indiferença de cada dia. Insondável.

Vejo os lugares ligados uns aos outros. Exceto a continuidade da floresta, ela desapareceu.

De repente eu não quis mais voltar. E chorei outra vez.

Eu via o menino morto por toda parte. O menino morto de brincar na guerra, de brincar de ser o vento, de ser um inglês de vinte anos, heroico e belo. Que brincava de ser feliz.

Eu te vejo ainda: você. O próprio Menino. Morto como um pássaro, de morte eterna. A longa morte por vir e a dor do corpo dilacerado pelo aço do avião, ele suplicava a Deus que o fizesse morrer depressa para não sofrer mais.

Chamava-se W. J. Cliffe, sim. É isso que está agora escrito sobre o granito cinza.

É preciso atravessar o jardim da igreja e ir na direção da escola municipal que permanece lá, no mesmo lugar. Ir na direção dos gatos, esses desvairados, esses loucos, esses bandos de gatos, de uma incrível e cruel beleza. Esses gatos chamados de "cascos de tartaruga", amarelos como as chamas vermelhas, como o sangue, brancos e pretos. Pretos como as árvores enegrecidas para sempre pela fuligem de bombas alemãs.

Há um rio ao longo do cemitério. E mais ao longe ainda há árvores mortas, para lá de onde está o menino. As árvores queimadas que gritam contra o sentido do vento. É um barulho muito alto, um tipo de varredura estridente de fim de mundo. Dá muito medo. E então para, bruscamente, sem que saibamos o que era. Sem razão, diríamos, sem razão alguma. E então os camponeses dizem que não é nada, que são as árvores que guardaram em sua seiva o carvão de suas feridas.

O interior da igreja é admirável, sem dúvida. Reconhecemos tudo. As flores são flores, as plantas, as cores, os altares, os bordados, os tapetes. É admirável.

Como um quarto por um momento abandonado, aguardando os amantes que não vieram em função do mau tempo.

Queríamos chegar a algum lugar com essa emoção. Escrever de fora, talvez, limitando-nos a descrever, talvez, descrever as coisas que estão ali, presentes. Não inventar outras. Não inventar nada, nenhum detalhe. Não inventar nada em absoluto. Nada. Não acompanhar a morte. Que a deixemos, afinal, que não olhemos para esse lado, pelo menos uma vez.

As estradas que vão para o vilarejo são caminhos antigos, muito antigos. São da pré-história. Estão lá desde sempre, ao que parece, é o que dizem, eram rotas de passagem obrigatórias para o desconhecido das trilhas e das nascentes e da beira do mar ou quando era preciso se proteger dos lobos.

Nunca me ocorreu ficar perturbada pelo fato da morte a esse ponto. Completamente tomada. Colada. E agora, para mim, todos os lugares, isso acabou, não vou mais lá.

Resta Vauville, esse jogo de amarelinha, resta decifrar os nomes em certos túmulos.

Resta a floresta, a floresta que a cada ano ganha terreno em direção ao mar. Sempre preta de fuligem, pronta para a eternidade por vir.

O menino morto era também um soldado da guerra. E poderia ter sido um soldado francês. Ou um americano.

Estamos a dezoito quilômetros da praia do Desembarque.

As pessoas do vilarejo sabiam que ele era do norte da Inglaterra. O velho senhor inglês lhes havia falado desse menino, o velho senhor não era o pai desse menino, o menino era órfão, ele deveria ser seu professor, ou talvez um amigo de seus pais. Esse homem amava o menino. Tanto quanto a um filho. Tanto quanto um amante também, talvez, quem sabe? Fora ele quem tinha dito o nome do menino. O nome foi gravado sobre a lápide cinza-clara. W. J. Cliffe.

Não posso dizer nada.

Não posso escrever nada.

Deveria haver uma escrita do não escrito. Algum dia isso virá. Uma escrita breve, sem gramática, uma escrita de palavras sozinhas. Palavras sem gramática em que se apoiar. Perdidas. Ali, escritas. E imediatamente abandonadas.

Gostaria de contar sobre o cerimonial criado em torno da morte do jovem aviador inglês. Sei de alguns detalhes: todo o vilarejo estava envolvido, reencontrou uma espécie de iniciativa revolucionária. Sei também que o túmulo foi feito sem autorização. Que o prefeito não se envolveu. Que Vauville tinha se tornado uma espécie de festa fúnebre em torno da adoração do menino. Uma festa livre de choros e cantos de amor.

Toda a gente do vilarejo conhece a história do menino. E também a história das visitas do velho, aquele velho professor. Mas da guerra eles já não falam. A guerra era para eles esse menino assassinado aos vinte anos.

A morte tinha reinado sobre o vilarejo.

As mulheres choravam, não podiam se conter. O jovem aviador desaparece, morre de uma morte verdadeira. Se cantássemos essa morte, por exemplo, não se trataria da mesma história. Essa discrição sublime das mulheres, que fez com que, acredito – mesmo que não esteja bem certa disso –, o rapaz fosse colocado do outro lado da igreja, lá onde ainda não havia nenhum túmulo. Lá onde ainda só existe o seu. Ao abrigo do vento furioso. Elas pegaram o corpo do menino, lavaram e colocaram ali naquele lugar, no túmulo, o da lápide de granito claro.

As mulheres não disseram nada sobre isso. Se eu tivesse estado com elas, para ajudá-las, acho que não teria podido escrever a respeito. Digo talvez que esse sentimento fantasticamente intenso que experimentei, de estar envolvida, talvez não tivesse se produzido. Essa emoção que volta ainda agora, quando estou sozinha. Sozinha, ainda choro por esse menino que se tornou a última morte da guerra.

Este fato inesgotável: a morte de um menino de vinte anos pelas baterias alemãs no mesmo dia em que se fez a paz.

Vinte anos. Digo sua idade. Digo: ele tinha vinte anos. Terá vinte anos por toda a eternidade, diante do Eterno. Quer exista, quer não, o Eterno será esse menino.

Quando digo vinte anos, é terrível. O mais terrível é isso, a idade. É uma banalidade essa dor que sinto em seu lugar. Curioso, a ideia de Deus jamais se colocou em torno do menino. Essa palavra fácil que é a palavra Deus, a mais fácil de todas, ninguém disse. Nunca foi pronunciada durante o enterro do menino de vinte anos que tinha brincado de guerra no seu Meteor acima da floresta normanda, bela como o mar.

Não há nada comparável a esse fato. Há muitos fatos como esse no universo. Muitas brechas. Lá, esse acontecimento foi visto. E também o fato de que o rapaz foi morto por ter brincado de guerra. Tudo é claro em torno da morte do menino.

Ele estava contente, muito contente ao sair da floresta, não via alemão algum. Estava feliz por voar, por viver, tinha se decidido a matar os soldados alemães. Esse menino adorava lutar na guerra, como todos os meninos. Morto, ele era o tempo todo um outro menino, um menino qualquer de vinte anos. E então isso mudou com a noite, a primeira noite. Ele se tornou o menino desse vilarejo francês, o aviador inglês.

Assinou sua morte, aqui, diante das pessoas de Vauville que olhavam.

Este livro não é um livro.

Isto não é uma canção.

Nem um poema. Nem pensamentos.

Mas sim lágrimas, dor, choros, desesperos que não podemos mais conter nem conformar à razão. Ira política tão forte quanto a fé em Deus. Mais forte ainda. Mais perigosa, porque sem fim.

Esse menino morto na guerra é também um segredo de cada um daqueles que o encontraram no alto daquela grande árvore, crucificado naquela árvore pela carcaça de seu avião.

Não podemos escrever sobre isso. Ou então podemos escrever sobre tudo. Escrever sobre tudo, tudo ao mesmo tempo, é não escrever. É nada. E é uma leitura insustentável, assim como um anúncio comercial.

Ouço de novo os cantos de crianças da escola. Os cantos das crianças de Vauville. Isso deveria ser suportável. Ainda é difícil para nós. Esse canto das crianças sempre me fez chorar. E ainda faz.

Já se vê menos o túmulo do jovem aviador inglês. Ainda é visível na paisagem ao redor. Mas ele já se afastou de nós por toda a eternidade. E sua eternidade será vivida assim através desse menino desaparecido.

São os lugares ao redor da igreja que dão acesso ao túmulo do menino. Ali, algo ainda está acontecendo. Agora, décadas nos separam do evento – e, no entanto, ele está aqui, o evento do túmulo. Talvez sejam suaves carícias no granito gelado de sua lápide essa solidão de um menino morto na guerra? Não sabemos.

O vilarejo se tornou o lugar daquele menino inglês de vinte anos. É como uma espécie de pureza, uma opulência de lágrimas. O extremo cuidado com seu túmulo será eterno. Já se sabe disso.

A eternidade do jovem aviador inglês está ali, presente, podemos beijar a pedra cinza, tocá-la, dormir sobre ela, chorar.

Como um apelo, essa palavra – a palavra eternidade vem aos lábios – será a vala comum de todos os outros mortos da região, que as guerras futuras vão abater.

Talvez seja o nascimento de um culto. Deus substituído? Não, Deus é substituído todos os dias. Deus nunca está em falta.

Não sei mais como chamar esta história.

Tudo está ali, em algumas dezenas de metros quadrados. Tudo está ali naquela confusão de mortos, o esplendor dos túmulos, aquela opulência, que torna este lugar tão marcante. Não são os que morreram em grande número, esses foram espalhados em outros lugares, nas planícies alemãs do norte da Alemanha, nas hecatombes das regiões de todo o litoral atlântico. O menino continuou sendo ele mesmo. E sozinho. Os campos de batalha continuaram distantes, em toda a Europa. Aqui é o contrário. Aqui é o menino, o rei da morte causada pela guerra.

Também é um rei: é um menino tão solitário na morte quanto um rei na mesma morte.

Poderíamos fotografar o túmulo. A realidade do túmulo. Do nome. Dos pores do sol. Do negror fuliginoso das árvores queimadas. Fotografar esses dois rios gêmeos que enlouqueceram e uivam todas as noites, nunca saberemos em busca de quê ou por quê, como cães famintos, esses rios malfeitos, acidentes de Deus, malnascidos, que a cada noite se entrecortam, se lançam um no outro. Nunca vi isso em lugar algum. Dementes de outro mundo, num rangido de sucata, de carnificina, de carroça, e que procuram onde se lançar, em que mar, em que floresta. E os gatos, as multidões de gatos uivando de medo. Sempre andam pelos cemitérios procurando sabe-se lá que acontecimento de natureza indecifrável, exceto por eles mesmos, os gatos, sem dono. Perdidos.

As árvores mortas, os prados, o gado, tudo aqui se volta para o sol da tarde em Vauville.

Quanto ao lugar em si, permanece muito deserto. Vazio, sim. Quase vazio.

A zeladora da igreja mora bem perto dali. Todas as manhãs, depois do café, ela vai olhar o túmulo. Uma camponesa. Usa o avental de tela azul-escura que minha mãe usava no Pas-de-Calais, quando tinha vinte anos.

Esqueço-me: há também o cemitério novo, a um quilômetro de Vauville. É um cemitério ordinário. Há arranjos de flores grandes como árvores. Tudo foi repintado de branco. E não tem ninguém aqui, ninguém lá dentro, parece que não tem nada. Que não é um cemitério. Que é alguma coisa indefinida, talvez um campo de golfe.

Tudo ao redor de Vauville são caminhos muito antigos, de antes da Idade Média. Foi em cima deles que construíram estradas por onde passamos hoje. Ao longo das sebes milenares, há estradas para os novos vivos. Foi Robert Gallimard quem me falou da existência de toda essa rede das primeiras estradas da Normandia. As primeiras estradas dos homens da costa, os *nord-men*.

Há sem dúvida muitas pessoas que teriam escrito a história das estradas.

O que seria preciso mencionar aqui é a impossibilidade de relatar este lugar, aqui, e este túmulo. Mas podemos ainda assim beijar o granito cinza e chorar por você. W. J. Cliffe.

É preciso começar ao contrário. Não me refiro à escrita. Refiro-me ao livro uma vez escrito. Partir da fonte e segui-la até a reserva de sua água. Começar do túmulo e ir até ele, o jovem aviador inglês.

Com frequência há relatos e muito raramente a escrita.

Há apenas um poema, talvez e, ainda, para tentar... o quê? não sabemos mais nada, nem mesmo isso, o que seria preciso fazer.

Há a banalidade grandiosa da floresta, da pobre gente, dos rios doidos, das árvores mortas e desses gatos carnívoros como cachorros. Esses gatos vermelhos e negros.

A inocência da vida, sim, é verdade, ela está aí, bem como essas cantigas entoadas pelas crianças da escola.

É verdade que existe a inocência da vida.

Uma inocência que faz chorar. Ao longe há a velha guerra, aquela que agora está em migalhas quando estamos sozinhos nesse vilarejo, diante das árvores mártires calcinadas pelo fogo alemão. Os corpos das árvores de fuligem, assassinadas. Não. Não há mais guerra. O menino, aquele da guerra, substituiu tudo. O menino de vinte anos: toda a floresta, toda a terra, tudo isso ele substituiu, e também o futuro da guerra. A guerra está fechada no túmulo com os ossos do corpo desse menino.

Agora tudo está tranquilo. O esplendor central é a ideia, a ideia dos vinte anos, a ideia de brincar de fazer a guerra, que se tornou resplandecente. Um cristal.

Se não houvesse coisas assim, a escrita não teria lugar. Mas mesmo que a escrita esteja ali, sempre prestes a gritar, a chorar, não a escrevemos. São emoções dessa ordem, muito sutis, muito profundas, muito carnais, também essenciais e completamente imprevisíveis, que podem nutrir vidas inteiras no corpo. A escrita é isso. É o fluxo da escrita que passa pelo seu corpo. Atravessa-o. É daí que partimos para falar de emoções que são difíceis de dizer, tão estranhas e que, no entanto, de súbito se apoderam de nós.

Eu estava em casa neste vilarejo, aqui em Vauville. Ia até lá todos os dias para chorar. E então um dia não fui mais.

Eu escrevo por causa dessa oportunidade que tenho de me envolver em tudo, com tudo, dessa oportunidade de estar neste campo da guerra, nesse teatro vazio da guerra, no alargamento dessa reflexão, e nesse alargamento que ganha terreno da guerra, bem devagar, o pesadelo em curso desta morte de um menino de vinte anos, neste corpo morto do menino inglês de vinte anos de idade, morto com as árvores da floresta normanda, da mesma morte, ilimitada.

Essa emoção vai se estender ainda mais, para além de si mesma, ao infinito do mundo inteiro. Durante séculos. E então um dia – sobre a terra inteira compreenderemos algo como o amor. Dele. Do menino inglês morto aos vinte anos por ter brincado de guerra contra os alemães, nessa floresta monumental, tão bela, diremos, tão antiga, secular, até mesmo adorável, sim, é isso: adorável é a palavra.

Devíamos ser capazes de fazer um certo filme. Um filme de insistências, de recuos, de recomeços. E então abandoná-lo. E filmar também esse abandono. Mas não faremos isso, já sabemos. Nunca faremos.

Por que não fazer um filme do que é desconhecido, ainda desconhecido?

Não tenho nada nas mãos, nada em mente para fazer esse filme. E foi o filme em que mais pensei neste verão. Porque seria um filme da ideia inatingível e louca, um filme sobre a literatura da morte viva.

A escrita da literatura é aquela que apresenta um problema em cada livro, em cada escritor, em cada livro de cada escritor. E sem a qual não há escritor, não há livro, não há nada. E a partir daí parece que também podemos dizer que, por causa disso, talvez não haja mais nada.

O colapso silencioso do mundo teria começado naquele dia – o dia do acontecimento dessa morte tão lenta e tão dura do jovem inglês de vinte anos no céu da floresta normanda, esse monumento da costa atlântica, essa glória. Aquela notícia, aquele único fato, aquela misteriosa notícia tinha se inserido na cabeça de pessoas ainda vivas – um ponto sem retorno teria sido alcançado no primeiro silêncio da terra. Sabíamos que, daquele momento em diante, seria inútil continuar esperando. Isso em toda a terra e a partir do único objeto de um menino de vinte anos, morto na última guerra, esquecido da última guerra da primeira idade.

Então, um dia, não haverá mais nada para escrever, nada para ler, não haverá mais que o intraduzível da vida desse morto tão jovem, tão jovem que dá vontade de gritar.

ROMA

É a Itália.

É Roma.

É o saguão de um hotel.

É de noite.

É a piazza Navona.

O saguão do hotel está vazio à exceção do terraço, uma mulher sentada numa poltrona.

Garçons levam bandejas, vão servir os clientes do terraço, retornam, desaparecem no fundo do saguão. Retornam.

A mulher adormeceu.

Um homem chega. É também um hóspede do hotel. Ele para. Olha para a mulher que dorme.

Senta-se, para de olhar para ela.

A mulher acorda.

O homem fala com ela, timidamente.

— Estou incomodando?

A mulher dá um breve sorriso, não responde.

— Sou um hóspede do hotel. Vejo você todo dia atravessando o saguão e se sentando. (Pausa.) Algumas vezes você adormece. E eu te observo. E você sabe.

Silêncio. Ela o observa. Eles se olham. Ela se cala. Ele pergunta:

— Você terminou de filmar?
— ... sim...
— Então o roteiro estava pronto...?
— Sim, já havia um roteiro, eu tinha escrito antes de filmar.

Eles não se olham. O desconforto se torna visível. Ele diz, em voz baixa:

— O filme começaria aqui, agora, a essa hora... com a luz declinando.
— Não. O filme já começou aqui, com uma outra pergunta sobre a filmagem.

Pausa. O desconforto aumenta.

— Como?
— Com a sua única pergunta sobre a filmagem, há um momento, o filme antigo desapareceu da minha vida.

Pausa – lentidão.

— Depois... você não sabe...
— Não... nada... você também não...
— É verdade, nada.
— E você?
— Eu não sabia nada antes desse momento.

Voltam-se para a piazza Navona. Ela diz:

— Eu nunca soube. Filmamos as fontes no dia 27 de abril de 1982, às onze horas da noite... Você ainda não tinha chegado ao hotel.

Eles observam o chafariz.

— Parece que choveu.
— É o que achamos todas as noites. Mas não chove. Não tem chovido em Roma esses dias... É a água dos chafarizes que o vento faz respingar no chão. A praça inteira está encharcada.
— As crianças estão descalças...
— Fico olhando para elas todas as noites.

Pausa.

— Está ficando um pouco frio.
— Roma é muito perto do mar. Esse frio é do mar. Você sabia.
— Acho que sim.

Pausa.

— Há violões também... não? Estão cantando, parece...

— Sim, com o barulho dos chafarizes... tudo se confunde... Mas estão cantando mesmo.

Eles não escutam.

— Tudo teria sido falso...
— Não sei dizer ao certo... Talvez nada tivesse sido falso. Não temos mais como saber...
— Seria tarde demais?
— Talvez. Tarde demais, mesmo antes do início.

Silêncio. Ela continua:

— Veja o grande chafariz central. Parece congelado, lívido.
— Eu estava olhando para ele... Está sob a luz elétrica, parece flamejante dentro do frio da água.
— Sim. O que você vê nos sulcos da pedra é o fluxo de outros rios. Os do Oriente Médio e de muito mais longe, da Europa Central, o fluxo do seu curso.
— E essas sombras nas pessoas.
— São as sombras das outras pessoas, das que observam os rios.

Pausa longa. Ela diz:

— Tenho medo de que Roma tenha existido...
— Roma existiu.
— Tem certeza...
— Sim, e os rios também. E todo o resto também.
— Como você suporta isso...

Silêncio. Ela diz, em voz baixa:

— Não sei que medo é esse, em que é diferente do que vemos nos olhos dessas mulheres das estelas da via Appia. Só vemos o que elas mostram de si mesmas, o que escondem ao se mostrar a nós. Para onde estão nos guiando, rumo a que noite? Mesmo essa ilusão de clareza refletida nas pedras brancas, perfeita, regular, ainda duvidamos dela, não?
— Você tem uma espécie de medo do visível das coisas.
— Tenho medo como se estivesse sofrendo com a própria Roma.
— Por sua perfeição?
— Não... por seus crimes.

Pausa longa. Olhares. Em seguida eles baixam os olhos.

Ele diz:

— Qual é esse pensamento constante que deixa você tão pálida, que faz às vezes com que se isole nesse terraço à espera do dia...
— Você sabia que eu dormia mal.
— Sim. Eu também dormia mal. Feito você.
— Já, você vê.

Pausa.

— Que distração é essa em que você está.
— Eu me afasto constantemente de Roma por um pensamento diferente do dela... que teria sido contemporâneo ao de Roma e que teria se originado em algum lugar diferente daqui, longe dela, de Roma, mais para o norte da Europa, por exemplo, você vê...
— Do qual nada restaria?
— Nada. Só um tipo de memória vaga – inventada, talvez, mas plausível.
— Foi em Roma que você se lembrou desse país do norte.
— Sim. Como você sabe?
— Não sei.
— Sim. Aqui em Roma, no ônibus escolar.

Pausa. Silêncio.

— Algumas vezes, à tardinha, na hora do pôr do sol, as cores da via Appia são as da Toscana. Essa região do norte, eu soube de sua existência muito jovem, ainda menina. A primeira vez num guia de viagem. E em seguida durante uma excursão escolar. Trata-se de uma civilização contemporânea de Roma, hoje desaparecida. Gostaria muito de poder lhe falar da beleza dessa região onde essa civilização e esse pensamento se produziram numa adorável e breve coincidência. Gostaria de saber como lhe falar da simplicidade de sua existência, de sua geografia, a cor de seus olhos, de seus climas, de sua agricultura, de suas pastagens, de seus céus. — Pausa. — Você percebe, seria como seu sorriso, mas perdido, impossível de encontrar depois de ter acontecido. Como seu corpo, mas desaparecido, como o de um amor, mas sem você e sem mim. Então, como dizer? Como não amar?

Silêncio. Olhares divergentes.
Pausa. Eles se calam. Ele olha para o nada. Ela diz:

— Não creio que Roma pensasse, sabe. Ela enunciava seu poder. Era em outros lugares, nessas outras regiões, que se pensava. Era em outros lugares que o pensamento acontecia. Roma era para ser apenas o lugar da guerra e do voo desse pensamento, e o lugar onde esse pensamento se decretava.

— No início, o que diziam essa leitura, essa viagem?

— Essa leitura dizia que por todo lado, em outras regiões, encontravam-se obras de arte, uma estatuária, templos, edifícios civis, termas, áreas de prostituição, arenas para execuções – e que lá, naquela charneca, não havia nada parecido.

Essa leitura tinha acontecido na infância. E depois foi esquecida.

E então, uma vez mais, houve um passeio no ônibus escolar e a professora disse que essa civilização tinha existido aqui, em um esplendor nunca alcançado em nenhum outro lugar, nessa charneca que o ônibus atravessava.

Chovia naquela tarde. Não havia nada para ver. Então, a professora falou de charnecas de urze e gelo. E escutávamos como se tivéssemos visto. Como se tivéssemos visto essa charneca...

Silêncio. Ele pergunta:

— A região era plana, sem relevo, não se via nada?

— Nada. Exceto a linha do mar para lá dos campos. Nenhuma de nós jamais havia pensado sobre a charneca, entende... Jamais, até então.

— E Roma?

— Roma era ensinada na escola.

— A professora falou...

— Sim. A professora disse – embora não víssemos nada – que uma civilização tinha existido ali. Naquele lugar da terra. E que ela devia estar ali, ainda, enterrada debaixo da planície.

— Essa planície sem fim.

— Sim. Terminava no céu. Dessa civilização, nada restava: só buracos, cavidades na terra, invisíveis do exterior. Perguntávamos: por acaso se sabia que esses buracos não eram túmulos? Não, respondiam, mas nunca se soube se não eram templos. Só o que se sabe é que tinham sido feitos, construídos com as mãos.

A professora disse que talvez esses buracos fossem grandes como quartos, às vezes grandes como palácios, que às vezes se tornavam um tipo de corredores, passagens, extensões secretas. Que todas aquelas coisas tinham sido feitas pelas mãos dos homens, construídas por eles. Que em algumas argilas profundas haviam sido encontrados traços dessas mãos espalmadas nas paredes. Mãos de homens, abertas, às vezes feridas.

— Eram o quê, segundo a professora, essas mãos?

— Eram gritos, ela dizia, para que mais tarde outros homens vissem e escutassem. Gritos ditos com as mãos.

— Que idade você tem na época desse passeio?

— Tenho doze anos e meio. Fico maravilhada. Sob o céu, acima dos buracos, ainda podíamos ver culturas que tinham chegado, ano após ano, através dos séculos, até nós, as meninas do ônibus escolar.

Silêncio. Ela olha. Reconhece.

— Os buracos ficam bem perto do oceano. Ficam ao longo dos diques de areia, em terras aráveis da charneca. A charneca não atravessa nenhum vilarejo. A floresta desapareceu. Após o seu desaparecimento, a charneca não voltou a ser nomeada. Não. Está ali no espaço e no tempo desde que emergiu do lodo central de terras submersas. Nós sabemos. Mas não podemos mais vê-la, tocá-la. Acabou.

— Como se sabe isso que você conta?

— Como se sabe, não saberemos nunca… Sabe-se. Sem dúvida porque sempre se soube, a pergunta sempre foi feita e a resposta a ela sempre foi a mesma. Isso há milhares de anos. A cada criança que chega à idade da razão dizemos, damos a notícia: "Olhe, esses buracos que você vê foram feitos pelos homens vindos do norte."

— Como em outros lugares dizemos: "Olhe para as pedras chatas de Jerusalém, era ali que as mães descansavam na véspera da crucificação de seus filhos, esses loucos de Deus da Judeia que Roma julgava criminosos."

— Da mesma forma. Dizemos: Olhe, ali, da mesma maneira, os caminhos fundos no chão eram para ir buscar água, também para ir do campo aos mercadores da cidade, e também para os ladrões de Jerusalém irem ao Calvário serem enforcados. Era o único caminho para todas essas coisas. E era também para as crianças brincarem.

Silêncio.

— Poderíamos falar também de um amor celebrado, aqui?
— Não sei bem… Sim, sem dúvida…

Silêncio. Desconforto. Vozes alteradas.

— Quem teria sido ela, a desse amor?

— Eu diria: por exemplo, uma rainha dos desertos. Na história oficial é o que ela é: a Rainha de Samaria.

— E aquele que teria vencido a guerra de Samaria, aquele que teria respondido?

— Um general das legiões romanas. O chefe do Império.

— Acho que você tem razão.

Silêncio. Mais pesado, como que distante.

— Roma inteira conhecia a história da guerra.

— Sim. Roma só conhecia a história através da história das guerras. E aqui a dificuldade que o amor teria encontrado estaria justamente ligada a essa publicidade da guerra feita pelo amor dela, da Rainha de Samaria.

— Sim. Esse amor era grande. Como sabiam?

— Da mesma maneira como sabiam o número de mortos, dito em voz baixa à noite, como sabiam o número de prisioneiros. Também saberiam no caso da paz. Pelo simples fato de ele tê-la feito prisioneira, ao invés de matá-la, saberiam.

— Sim.

— Em meio a esses milhares de mortos, essa jovem de Samaria, Rainha dos Judeus, Rainha de um deserto com o qual Roma nada tem a ver, trazida com tanto respeito a Roma... Como não adivinhar o escândalo da paixão...

Roma inteira devorava as notícias desse amor. Toda noite, toda madrugada. As mais irrisórias... a cor de seu vestido, a cor de seus olhos atrás das janelas da prisão. Suas lágrimas, o ruído de seus soluços.

— Esse amor é maior do que diz a história?
— Maior. Sim. Você sabia?
— Sim. Maior do que ele teria querido, o destruidor do Templo.
— Sim. Maior. Mais ignorado também. Mas espere... acho que ele não sabia que a amava. Como não tinha o direito, ele não acreditava, compreende... Lembro-me disso, de algo assim, dessa ignorância em que ele estava do fato de que a amava.
— Exceto, talvez, quando a tinha à sua mercê nos aposentos dos palácios, depois que os guardas tinham ido dormir. Dizem: no final da noite.
— Sim, exceto isso, talvez... não se sabe.

Pausa longa. Ele diz:

— Na sua opinião, os homens da charneca já tinham ouvido falar da tentativa romana de governar o mundo do pensamento e dos corpos?

— Acho que sim, que eles estavam a par dessa tentativa.
— Sabiam de tudo nessa charneca, essas primeiras terras surgidas do mar.
— Sim, é isso, tudo. Nessa charneca subterrânea, sabiam através daqueles que fugiam do Império, dos desertores, dos errantes de Deus, dos ladrões. Estavam a par de tudo acerca da tentativa de Roma e assistiam à dilapidação de sua alma. E enquanto Roma proclamava seu poder, sabe, embora ela perdesse o sangue do seu próprio pensamento, os homens dos buracos permaneceram mergulhados na escuridão do espírito.
— Pensar... eles sabiam que faziam isso?
— Não. Eles não sabiam escrever nem ler. Isso durante muito tempo, durante séculos. Ignoravam o sentido dessas palavras. Mas eu ainda não disse o principal: a única ocupação desses homens dizia respeito a Deus. Com as mãos vazias, eles olhavam para fora. Os verões. Os invernos. O céu. O mar. E o vento.
— Era assim que eles faziam com Deus. Falavam com Deus como as crianças brincam.

— Você tinha falado de um amor contemporâneo, nesse filme?
— Não sei mais. Falei de um amor vivo, me parece, mas somente disso.
— O que tinha isso a ver com Roma?
— Este diálogo teria acontecido em Roma. São esses diálogos em torno desse amor que, ao longo de séculos, cobriram Roma com uma camada de frescor. É no lugar do corpo maciço e morto de sua história que os amantes teriam por fim chorado sua história, seu amor.
— Por que teriam chorado?
— Por eles mesmos. Unidos por sua própria separação, eles teriam por fim chorado.
— Você fala dos amantes do Templo.
— Sem dúvida. Sim. Não sei de quem falo. Também falo deles, sim.

Pausa. Silêncio. Eles não se olham mais. E então ele diz:

— Nem uma única palavra restou sobre os amantes do Templo, nem uma confidência, nem uma imagem, não é…

— Ela não falava romano. Ele não falava a língua de Samaria. Foi nesse inferno de silêncio que o desejo veio. Foi soberano. Irremediável.

E depois se extinguiu.

— Disseram que se tratava de um amor bestial, cruel.

— Acredito que sim, que se tratasse disso, de um amor bestial, cruel. Acredito nisso como se se tratasse do próprio amor.

Pausa.

— O Senado se informa e ele transmite a notícia, ele, o chefe romano, nessa incumbência de comunicar a ela sua decisão de abandoná-la.

— É ele quem anuncia isso a ela…

— Sim. É de noite. Tudo se passa muito rápido. Ele vem aos seus aposentos e com uma brutalidade incrível anuncia a ela que o barco virá logo.

Em alguns dias, ele diz, ela será levada de volta a Cesárea.

Ele diz que só o que pode fazer é lhe entregar sua liberdade.

Teriam dito que ele chorou.

Para que ela viva, ele também diz, deve se distanciar dele.

Ele diz também que nunca mais a verá.

— Ela não entende romano.

— Não. Mas vê que ele chora. Ela chora porque ele chora. Por que ela chora ele não sabe.

Pausa.

— Ela deveria morrer. Mas não. Vai continuar viva.

— Ela vive. Não morre. Ela morre mais tarde dessa ilusão de ser ao mesmo tempo prisioneira de um homem e amá-lo.

Mas também vive disso até o fim dos tempos.

Ela vive por saber, por saber que o amor ainda está ali, inteiro, mesmo despedaçado, que ele ainda é uma dor de todos os instantes mas apesar disso ainda ali, presente, inteiro, sempre mais forte.

E ela morre disso.

— Ela chora...

— Sim. Chora. Primeiro crê estar chorando por seu reino saqueado, pelo vazio assustador que a espera. Ela permanece viva porque chora. É desse choro que se alimenta. É de uma consciência cega pelas lágrimas que diz amar esse homem de Roma.

— Sua captura por ele teria sido a causa da paixão por ele?

— Sim. Ou talvez: a descoberta desse encanto violento de pertencer a ele.

— Você acha que ele, se capturado pelos exércitos dela, seria nesse caso capaz de amá-la apaixonadamente?

— Não acredito. Não.

Olhe pra ela.
Ela.
Feche os olhos.
Você vê esse abandono.

— Sim. Vejo.

Pausa. Ela diz:

— Ela se entrega voluntariamente à sorte que se apresenta. Quer ser uma rainha. Quer ser uma cativa. Depende do que ele deseja que ela seja.

— De onde vem esse gênio oculto nela?

— Talvez de sua função real. Talvez também de uma disposição que ela tem, em comum com as mulheres dos Evangelhos, essas dos vales de Jerusalém, de pressentir a morte.

— Como ele pôde ignorar a esse ponto seu desespero...

— Decidindo, eu acredito. Você sabe que não há nada em que ele acredite não poder dispor em nome do seu reino.

Silêncio. Ele diz:

— Atrás dele, desde sempre, está a guarda negra.
— Sim. Ele não a vê. Não vê mais nada. Não vê a história que vive.
O que resta nele da charneca negra é apagado para sempre quando ele deixa o quarto.
— A charneca negra.
— Sim.
— Onde ela estava...?
— Em toda parte, me parece, nas planícies costeiras dos mais distantes países do norte.
— Ele sofre?
— Ele não chora. Ninguém sabe. Não. À noite ele grita, à noite, como quando era criança e sentia medo.
— Por favor, pelo menos conceda a ele um pouco de dor.
— Muitas vezes a dor é insuportável quando ele acorda à noite, sabendo que ela ainda está ali e, ainda, por tão pouco tempo.
— O que os separa da vinda do barco que deve levá-la de volta a Cesárea.

— Neste momento da história, não se vê mais que a repetição infinita da frase do príncipe: um dia, pela manhã, um barco virá para levá-la de volta a Cesárea, seu reinado. Cesárea.

Silêncio.

— É depois, nesse momento da história, que eu o vejo com muita clareza sair do quarto, mortalmente ferido.
— Depois?
— Depois não vejo mais nada.

Silêncio.

Poderíamos ter falado, você e eu, do que teria acontecido depois, quando ele dissesse a ela que o barco vinha levá-la. Também poderíamos ter falado sobre o que teria acontecido se o Senado não a tivesse mandado embora, como ela teria morrido, sozinha, sobre a palha, nessa ala de um Palácio romano, certa noite.

Poderíamos também ter falado dessa interminável morte e também desse amor em Cesárea, quando ele a descobriu. Ela tem vinte anos. Ele a leva para esposá-la. Para sempre. Não sabe que é para matá-la, esposá-la, ele diz, ainda não sabe que é para matá-la.

Poderíamos ter falado também da descoberta, após séculos, na poeira das ruínas de Roma, de um esqueleto de mulher. A ossatura havia revelado de quem se tratava. E quando e onde fora encontrado.

Como evitar vê-la, a ela, vê-la, a essa rainha ainda tão jovem. Dois mil anos depois.

Grande. Morta, ela ainda é grande.

Sim. Os seios são bem-feitos. São belos. Estão nus sob o tecido da roupa penitenciária.

As pernas. Os pés. O modo de andar. O leve balanço que percorre todo o corpo. Você se lembra.

Pausa.

O corpo teve de atravessar os desertos, as guerras, o calor romano e o dos desertos, o fedor das galeras, do exílio. E depois não sabemos mais.

Ela ainda é alta. Ela é grande. Esbelta. Magra, com a magreza da própria morte, foi o que ela se tornou. Os cabelos são pretos como um pássaro preto. O verde dos olhos está misturado com a poeira preta do Oriente.

Os olhos já estão afogados pela morte...

Não, seus olhos ainda estão afogados pelas lágrimas de sua juventude, agora antiga.

A pele do corpo está agora separada do corpo, do esqueleto.

A pele é escura, transparente, fina como a seda, frágil. Ela passou a ser como a areia das nascentes.

Morta, tornou-se outra vez a Rainha de Cesárea. Esta mulher comum, a Rainha de Samaria.

As luzes se apagam no saguão do hotel. Lá fora, a escuridão aumentou.

Os chafarizes da piazza Navona pararam de jorrar.

O homem teria dito que a amou assim que a viu deitada no terraço do hotel.

E então o dia nasceu.

Ele dissera também que ela havia adormecido diante dele e que ele tivera medo, que teria sido aquele o momento em que se afastara dela por causa desse medo de natureza indefinida que se espalhara sobre seu corpo e seus olhos.

O NÚMERO
PURO●

Durante muito tempo, a palavra "puro" foi recuperada pelo comércio de óleos comestíveis. Durante muito tempo, o azeite foi garantia de pureza, mas nunca os outros óleos, fossem eles de amendoim ou de nozes.

Essa palavra só funciona quando está sozinha. Em si, por sua própria natureza, ela não qualifica nada nem ninguém. Quero dizer que não pode se adaptar, ser definida com toda clareza a partir somente de seu emprego.

Essa palavra não é um conceito, nem um padrão, nem um vício, nem uma qualidade. É uma palavra da solidão. É uma palavra sozinha, sim, é isso, uma palavra muito breve, com duas sílabas curtas. Sozinha. É sem dúvida a palavra mais "pura", ao lado da qual e depois da qual suas equivalentes desaparecem por conta própria e ficam então para sempre deslocadas, desorientadas, flutuantes.

Esqueço-me de dizer: é uma das palavras sagradas de todas as sociedades, de todas as línguas, de todas as responsabilidades. No mundo inteiro é assim com essa palavra.

Desde que Cristo nasceu, ela teve de ser pronunciada em algum lugar e para sempre. Teve de ser dita por um passante, no caminho, em Samaria, ou por uma das mulheres que ajudaram no parto da Virgem... Não sabemos nada. Em algum lugar e para sempre essa palavra esteve, até a crucificação de Jesus. Não sou crente. Acredito somente na existência terrena de Jesus Cristo. Creio que seja verdade. Que Cristo e Joana d'Arc devem ter existido: seu martírio até que se sucedesse sua morte. Isso também existiu. Essas palavras, elas ainda existem no mundo inteiro.

Eu, que não rezo, eu a digo, e algumas noites choro para ultrapassar o presente obrigatório – através de uma televisão voltada à publicidade, agora orientada para o futuro de iogurtes e automóveis.

Aqueles dois, Cristo e Joana d'Arc, eles disseram a verdade sobre o que acreditavam ouvir: a voz do Céu. Ele, Cristo, foi assassinado como um deportado político.

E ela, a bruxa das florestas de Michelet, teve de ser estripada, queimada viva. Violada. Assassinada.

E já bem cedo na história, ao longe, houve os judeus, o povo de judeus mortos, assassinados e ainda enterrados nas terras alemãs de hoje, aqueles ainda nesse primeiro estado de um conhecimento interrompido pela morte. Ainda é impossível abordar esse acontecimento sem gritar. Permanece inconcebível. A Alemanha, o lugar desse assassinato, tornou-se uma morte endêmica, latente. Ela ainda não despertou, creio. Talvez nunca venha a estar completamente presente. Tem, sem dúvida, medo de si mesma, de seu próprio futuro, de seu próprio rosto. Tem medo de ser alemã, a Alemanha. Disseram: Stalin. Eu digo: Stalin, seja ele quem for, venceu a guerra contra eles, os nazistas. Sem Stalin, os nazistas teriam assassinado a totalidade dos judeus da Europa. Sem ele teria sido preciso matar os alemães assassinos de judeus, fazer isso nós mesmos – o que eles fizeram, os alemães, fazer o mesmo deles, com eles.

A palavra judeu é "pura" em toda parte, mas quando dita na verdade é que é reconhecida como sendo o único vocábulo capaz de exprimir o que se espera dele. E o que se espera dele não sabemos mais, porque o passado dos judeus os alemães queimaram.

A "pureza" do sangue alemão fez a infelicidade da Alemanha. Essa mesma pureza fez assassinar milhões de judeus. Na Alemanha, e penso isso de verdade, essa palavra deveria ser publicamente queimada, assassinada, que ela sangre apenas com o sangue alemão, não coletado simbolicamente, e que as pessoas chorem realmente vendo esse sangue ridicularizado – elas chorariam não por si mesmas, mas pelo sangue. E isso ainda não seria suficiente. Talvez nunca saibamos o que teria sido suficiente para que este *passado alemão* pare de se elaborar na nossa vida. Talvez nunca saibamos.

Eu queria pedir às pessoas que venham a ler estas linhas sua ajuda num projeto que tenho há três anos, desde o anúncio do fechamento das fábricas da Renault em Billancourt. Trata-se de registrar os nomes e sobrenomes de todas as mulheres e de todos os homens que passaram sua existência inteira nessa fábrica nacional de reputação mundial. Isso desde o início do século, desde a fundação das fábricas Renault em Boulogne-Billancourt.

Seria uma lista exaustiva, sem comentário algum.

Deveríamos chegar ao número correspondente à população de uma grande capital. Nenhum texto poderia contrabalançar a realidade desse número, do trabalho para a Renault, o castigo total, a vida.

Por que fazer o que estou pedindo?

Para ver o que isso teria como resultado, um muro de proletariado.

Aqui, a história seria o número: a verdade é o número.

O proletariado na inocência mais evidente, a do número.

A verdade seria a cifra ainda não comparada e, incomparável do número, a cifra pura, sem comentário algum, a palavra.

A EXPOSIÇÃO DA PINTURA.

para Roberto Plate

O espaço é amplo. No alto de uma parede, janelas. O céu está calmo, azul. Sozinha, uma espessa nuvem branca deixa o azul. Passa muito devagar pelas janelas, pelo azul.

Não há livros. Não há palavras escritas em um jornal. Não há vocabulário num léxico. Tudo está perfeitamente em ordem.

No meio do espaço há uma mesa baixa, sob a qual há uma outra mesa mais baixa. As duas mesas estão cobertas de tubos de tinta vazios, retorcidos, com frequência cortados no meio, com frequência cortados e espalhados, raspados com lâminas de faca.

Os tubos abertos e aqueles ainda intactos não estão misturados com os que estão desventrados, esvaziados. São redondos, cheios, muito íntegros, muito firmes, como frutas que ainda não acabaram de amadurecer. Estão colocados de tal forma que não vemos o rótulo que diz o nome da cor. São todos feitos de uma liga cinza-metálico flexível. Sob a cápsula, estão hermeticamente selados.

Em um pote nesta mesma mesa, estão os pincéis. Há cinquenta pincéis, ou mesmo cem. Todos parecem praticamente destruídos. Estão muito reduzidos, estão esmagados, desgrenhados, carecas também, todos endurecidos com tinta seca, até engraçados. Não têm a tangibilidade da tinta nos tubos, nem do homem que fala. É como se tivessem sido encontrados em uma caverna, em uma tumba junto ao Nilo.

Em meio a essa série de objetos, há um homem. Está sozinho. Usa uma camisa branca e jeans azuis. Fala. Ele mostra, ao longo de uma outra parede, metros cúbicos de telas enfileiradas. Diz que são as que foram pintadas, as da exposição.

São muitas. Estão todas viradas para a parede. Toda a tinta que falta nos tubos foi parar nessas telas. Agora está ali, nas telas, onde interrompeu seu curso.

O homem fala. Diz que essas telas não são todas do mesmo tamanho. Você pode acreditar nisso, mas não, elas são de formatos diferentes. Esta diferença, a cada vez diferentes, cria um misterioso problema para este homem. Às vezes é possível misturar telas grandes e pequenas. Desta vez, não é possível. Ele não sabe por quê, mas sabe que tem de levar isso em consideração.

Ele fala sozinho, alto, às vezes sua voz se acelera e ele grita. Com relação à pintura, não se sabe se ele grita enquanto pinta. Sabe-se que ela se faz o tempo todo, dia e noite, durante o sono desse homem ou quando está acordado.

Esse homem fala um francês próprio. Tudo o que está dizendo é nesse francês único que só ele fala. Parou de progredir nesse idioma. Tomava tempo e não valia a pena.

Fala sobre como pendurar suas pinturas. Ele mesmo vai fazê-lo. Diz onde, em que parte da cidade se realiza a exposição, é à margem do Sena, numa antiga oficina de encadernação.

O homem diz que não expunha suas pinturas havia sete anos. Tem outro trabalho na vida, que realiza, aliás, com muito prazer, esse não é o problema. O desejo de mostrar o que pinta retornou de repente e com muita intensidade, antes da primavera. Ele diz: sete anos, acho que é justo que eu recomece, não?

Fala cada vez mais rápido, pede desculpas, diz que é porque está nervoso. Sete anos. Ele diz: parei tudo. Tranquei-me aqui durante quatro meses. Ao final de quatro meses, a exposição estava pronta. Diz que o que conta é a determinação.

Ele tinha de conseguir.
Começa a mostrar as telas da exposição.

Pega uma a uma e quando chega à parede oposta àquela contra a qual elas estavam, vira-as. Quer as esteja carregando ou virando, ele continua falando. Às vezes, parece quase hesitante em virá-las, depois faz isso, vira-as.

Ainda fala sobre uma ordem que gostaria de observar na exposição. Não gostaria que as telas tivessem algum destaque umas em relação às outras. Gostaria de uma ordem natural que colocasse todas as pinturas em pé de igualdade nas paredes da exposição. Em nenhum caso as telas deveriam ser isoladas, dominantes ou perdidas. Deveriam estar juntas, deveriam quase se tocar, quase, sim, é isso. Que não fiquem separadas como estão aqui, entende?

Em clarões, tela por tela, a pintura ganha a luz.

O homem diz que são telas da mesma pessoa, feitas no mesmo momento da vida dessa pessoa. É por isso que quer pendurá-las todas juntas, isso o preocupa muito, ele também não gostaria que elas formassem uma unidade, não, não é isso, de jeito nenhum, mas que estejam umas perto das outras numa proximidade natural, justa, pela qual só ele é responsável, cujo valor só ele deve saber.

Fala muito da distância que separa as telas. Diz que seria preciso um quase nada, às vezes. E talvez nada, que elas estivessem coladas umas nas outras, sim, às vezes. Não sabe ao certo. Está no mesmo estado que nós diante dessa pintura que ele fez, extenuado.

A pintura é revelada ao ruído de um discurso contínuo. O homem fala para que o ruído de suas palavras soe enquanto a pintura entra na luz. Ele fala para que se produza um desconforto, para que finalmente ocorra a libertação da dor.

No final, nós o deixamos sozinho com seu trabalho de burro de carga, nós o deixamos entregue ao seu infortúnio, a essa obrigação infernal que supera qualquer comentário, qualquer metáfora, qualquer ambiguidade. Em outras palavras, nós o deixamos com sua própria história. Entramos na violência da pintura que ele fez. É para elas que olhamos, não olhamos para ele, o homem que fala, o pintor, aquele que se debate no continente de silêncio. Olhamos para ela, só para ela. O homem que fala é aquele que fez tudo isso sem saber que fazia, fora do sentido, em uma distração capital.

Sempre se pode dizer: todas as telas se movem na mesma velocidade. Às vezes, elas passam com asas, como se fossem guiadas. Às vezes parece que a força que as conduz é mostrada como uma onda que se recobre de si mesma, com sua cor preto-azulada.

Que lá no alto, quando subimos na direção das forças, no céu, haveria talvez o rosto de uma criança que dorme. Mal se percebe que é uma criança, mal se percebe que é um céu, não há nada que se possa dizer. Nada. Mas a pintura inteira.

Que um quarto branco de piso branco atravessa, aberto ao vazio, e no batente de uma porta ficou um pedaço de cortina branca.

Que também há animais sem identidade, bolhas estufadas, a suavidade de uma tela muito antiga que os teria identificado. Sinais que têm ar de ser coisas. Troncos de árvore que partem, vão embora. Pedaços de serpentes marinhas na umidade de fontes, de espuma. Fluxos, vagas, aproximações possíveis entre a ideia, a coisa, a permanência da coisa, sua inanidade, a matéria da ideia, da cor, da luz, e Deus sabe o que mais.

34

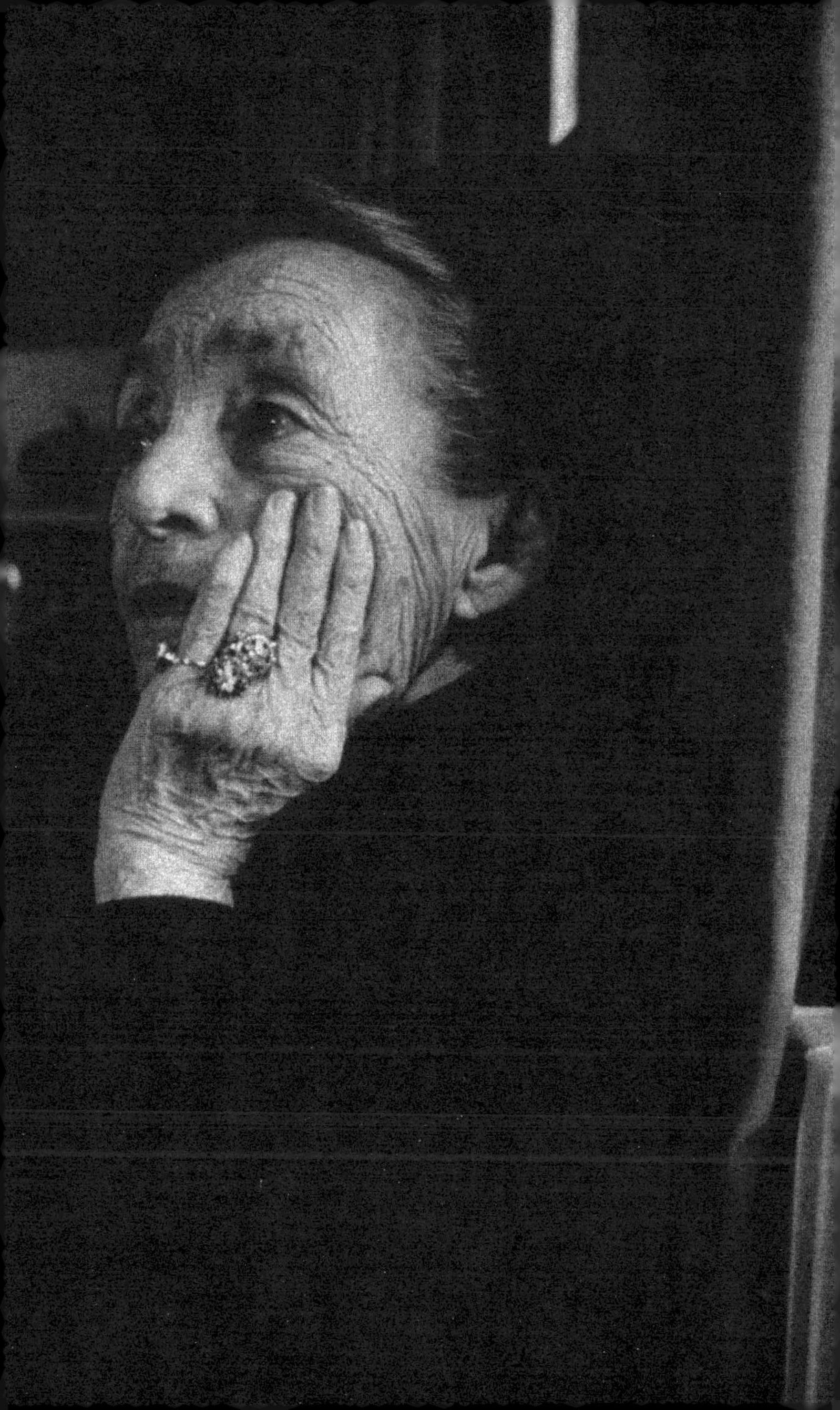

SOBRE A
AUTORA •

Marguerite Duras, uma das escritoras mais consagradas do mundo francófono, nasceu em 1914 na Indochina – então colônia francesa, hoje Vietnã –, onde seus pais foram tentar a vida como instrutores escolares. A vida na antiga colônia, onde ela passou a infância e a adolescência, marcou profundamente sua memória e influenciou sua obra. Em 1932, aos 18 anos, mudou-se para Paris, onde fez seus estudos em Direito. Em 1943, publicou seu primeiro romance, *Les impudents*, iniciando então uma carreira polivalente, publicando romances, peças de teatro, crônicas no jornal *Libération*, roteiros, e realizando seu próprio cinema. Dentre suas mais de 50 obras estão os consagrados *Uma barragem contra o Pacífico*, *Moderato cantabile*, *O deslumbramento de Lol V. Stein* e *O amante* (seu best-seller que lhe rendeu o Prêmio Goncourt de 1984 e foi traduzido para dezenas de países). Em 1959, escreveu o roteiro do filme *Hiroshima mon amour*, que foi dirigido por Alain Resnais e alcançou grande sucesso. Nos anos 1970, dedicou-se exclusivamente ao cinema, suspendendo romances, mas publicando seus textos-filmes. *India song* e *Le camion* foram projetados no Festival de Cannes em 1975 e 1977, respectivamente. Morreu aos 81 anos em Paris, em 1996.

SOBRE A COLEÇÃO MARGUERITE DURAS.

A COLEÇÃO MARGUERITE DURAS oferece ao público brasileiro a obra de uma das escritoras mais fascinantes do seu século e uma das mais importantes da literatura francófona.

A intensa vida e obra da escritora, cineasta, dramaturga e cronista recobre o século XX, atravessando o confuso período em que emergem acontecimentos que a fizeram testemunha do seu tempo – desde os trágicos anos da Segunda Guerra até a queda do Muro de Berlim. Duras publica até o término de sua vida, em 1996. Os textos da escritora se tornaram objeto do olhar dos Estudos Literários, da Psicanálise, da História, da Filosofia e dos estudos cinematográficos e cênicos. Sabe-se, no entanto, que a escrita de Duras subverte categorias e gêneros, e não é por acaso que sua literatura suscitou o interesse dos maiores pensadores contemporâneos, tais como Jacques Lacan, Maurice Blanchot, Michel Foucault, Gilles Deleuze, entre outros.

Os títulos que integram a Coleção Marguerite Duras são representativos de sua obra e transitam por vários gêneros, passando pelo ensaio, roteiro, romance e o chamado texto-filme, proporcionando tanto aos leitores entusiastas quanto aos que se iniciam na literatura durassiana uma intrigante leitura. E mesmo que alguns livros também relevantes não estejam em nossa obra de Marguerite Duras é dignamente representada pela escolha cuidadosa junto aos editores franceses.

Nesta Coleção, a capa de cada livro traz um retrato da autora correspondente à época de sua publicação original, o que nos permitirá compor um álbum e vislumbrar como sua vida e obra se estenderam no tempo. Além disso, cada título é privilegiado com um prefácio escrito por experts da obra – pesquisadores e especialistas francófonos e brasileiros –, convidados que se dedicam a decifrar a poética durassiana. Obra que se inscreve na contemporaneidade, para parafrasear Giorgio Agamben, no que tange a sua relação com o próprio tempo. Marguerite Duras foi uma escritora capaz de tanto aderir ao seu tempo, como dele se distanciar, pois "contemporâneo é aquele que mantém fixo o olhar no seu tempo, para nele perceber não as luzes, mas o escuro", evocando aqui o filósofo. Assim viveu e escreveu Duras, tratando na sua literatura de temas jamais vistos a olho nu, nunca flutuando na superfície, mas se aprofundando na existência, deixando à deriva a falta, o vazio, o imponderável, o nebuloso e o imperceptível. Toda a obra de Marguerite Duras compartilha dessa poética do indizível e do incomensurável, dos fragmentos da memória e do esquecimento das palavras que dividem com o vazio o espaço das páginas: traços da escrita durassiana com os quais o leitor tem um encontro marcado nesta coleção.

LUCIENE GUIMARÃES DE OLIVEIRA
Coordenadora da Coleção Marguerite Duras

Títulos já publicados pela coleção:
- *Escrever* (Trad. Luciene Guimarães)
- *Hiroshima meu amor* (Trad. Adriana Lisboa)
- *Moderato cantabile* (Trad. Adriana Lisboa)
- *Olhos azuis cabelos pretos* & *A puta da costa normanda* (Trad. Adriana Lisboa)

Próximos títulos:
- *A doença da morte*
- *Destruir, disse ela*
- *O arrebatamento de Lol V. Stein*
- *O homem atlântico*
- *O homem sentado no corredor*
- *O verão de 80*
- *Uma barragem contra o Pacífico*

COLEÇÃO
MARGUERITE
DURAS

© Relicário Edições, 2021
© Éditions Gallimard, 1993

Dados Internacionais de Catalogação na Publicação (CIP) de acordo com ISBD

D952e
Duras, Marguerite

Escrever / Marguerite Duras; traduzido por Luciene Guimarães de Oliveira. - Belo Horizonte: Relicário, 2021.
144 p.; 13cm x 19,5 cm.

Tradução de: *Écrire*
ISBN: 978-65-89889-16-8

1. Literatura francesa. 2. Ensaio. I. Oliveira, Luciene Guimarães de. II. Título.

| 2021-3396 | CDD 840 | CDU 821.133.1 |

Elaborado por Vagner Rodolfo da Silva - CRB-8/9410

Coordenação editorial: Maíra Nassif
Assistência editorial e preparação: Márcia Romano
Coordenação da Coleção Marguerite Duras: Luciene Guimarães de Oliveira
Tradução: Luciene Guimarães de Oliveira
Revisão técnica: Adriana Lisboa
Capa, projeto gráfico e diagramação: Tamires Mazzo
Fotografia da capa: © Helene Bamberger/Opale/Bridgeman Images

---

Cet ouvrage, publié dans le cadre du Programme d'Aide à la Publication année 2021 Carlos Drummond de Andrade de l'Ambassade de France au Brésil, bénéficie du soutien du Ministère de l'Europe et des Affaires étrangères.

Este livro, publicado no âmbito do Programa de Apoio à Publicação ano 2021 Carlos Drummond de Andrade da Embaixada da França no Brasil, contou com o apoio do Ministério francês da Europa e das Relações Exteriores.

AMBASSADE DE FRANCE AU BRÉSIL
Liberté
Égalité
Fraternité

RELICÁRIO EDIÇÕES
Rua Machado, 155, casa 1, Colégio Batista | Belo Horizonte, MG, 31110-080
contato@relicarioedicoes.com | www.relicarioedicoes.com

2ª reimpressão [outono 2023]

ESTA OBRA FOI COMPOSTA EM MINION PRO
E HEROIC CONDENSED SOBRE PAPEL PÓLEN
BOLD 90 G/M² PARA A RELICÁRIO EDIÇÕES.